超简单！

掼。蛋。
自学一本通

王雄 编

人民邮电出版社

北 京

图书在版编目（CIP）数据

超简单！掼蛋自学一本通 / 王雄编. -- 北京：人民邮电出版社，2023.4（2024.6重印）
ISBN 978-7-115-60943-4

Ⅰ. ①超… Ⅱ. ①王… Ⅲ. ①扑克－牌类游戏－基本知识 Ⅳ. ①G892.1

中国国家版本馆CIP数据核字（2023）第015053号

内 容 提 要

掼蛋起源于江苏淮安，风靡于江苏、安徽两省，近年流行到全国多地，甚至有了"饭前不掼蛋，等于没吃饭"的说法。掼蛋作为一种灵活多变的益智类纸牌游戏，可以锻炼玩家的策略应对能力和逻辑思维能力。在掼蛋起源地淮安，掼蛋的竞技原则如下：运筹帷幄，与时俱进，团结协作，乐于奉献，适势应变，力争上游。在生活节奏较快的"线上"时代，掼蛋增进了人与人之间面对面的交流互动，给闲暇时光带来了欢乐。

本书是掼蛋游戏的入门书，适合零基础的玩家用来了解掼蛋规则，也适合初学者进一步学习掼蛋并提升技术。为了玩家能轻松阅读，本书以图文对应的形式编写。全书分为四章，分别介绍了掼蛋的入门基础、打牌步骤、通用技巧、打牌战略；前三章内容为通用知识，第四章讲解在实战中同一方的两位玩家如何配合，帮助玩家在实战中清晰定位，灵活、合理地运用掼蛋技巧。

◆ 编　　　　王　雄
　　责任编辑　裴　倩
　　责任印制　马振武

◆ 人民邮电出版社出版发行　北京市丰台区成寿寺路 11 号
　　邮编　100164　电子邮件　315@ptpress.com.cn
　　网址　https://www.ptpress.com.cn
　　北京瑞禾彩色印刷有限公司印刷

◆ 开本：700×1000　1/16
　　印张：7　　　　　　　　　2023 年 4 月第 1 版
　　字数：123 千字　　　　　2024 年 6 月北京第 11 次印刷

定价：39.80 元

读者服务热线：**(010)81055296**　印装质量热线：**(010)81055316**
反盗版热线：**(010)81055315**
广告经营许可证：京东市监广登字 20170147 号

目录

第一章
掼蛋的入门基础

本章将介绍掼蛋的用牌、玩家、牌型、特殊牌、基础术语、输赢规则，带领读者初步认识当下极为流行的棋牌游戏——掼蛋。

1.1　掼蛋的用牌及玩家

掼蛋20世纪六十年代起源于江苏淮安，随后在华东地区流传并普及全国，是一种纸牌游戏。掼蛋的规则由地方扑克游戏"跑得快"（又称"争上游"或"关牌"）和八十分（又称"升级"或"拖拉机"）的规则发展演化而来。

1.1.1　掼蛋的用牌

玩家需采用两副扑克牌进行掼蛋游戏，一副扑克牌分为红桃、方块、梅花、黑桃四种花色，每种花色13张牌，再加大王和小王，总共54张牌，两副扑克牌共计108张牌。

♥ 红桃

红桃花色为红色桃心，有2、3、4、5、6、7、8、9、10、J、Q、K、A各2张，共26张。

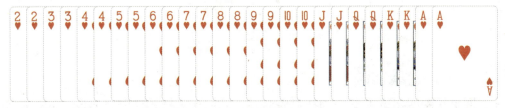

♦ 方块

方块花色近似为红色菱形，有2、3、4、5、6、7、8、9、10、J、Q、K、A各2张，共26张。

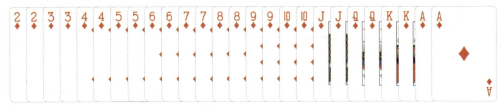

♣ 梅花

梅花花色为黑色三叶草，有2、3、4、5、6、7、8、9、10、J、Q、K、A各2张，共26张。

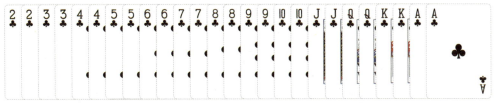

♠ 黑桃

黑桃花色为黑色叶片，有2、3、4、5、6、7、8、9、10、J、Q、K、A各2张，共26张。

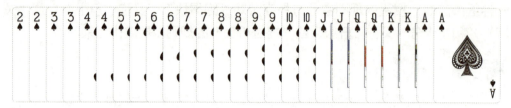

♥ 大王和小王

大王和小王牌面中间一般印着小丑或其他图案，对角印有"JOKER"字样，大王为彩色，小王为黑白色。大王和小王各2张，共4张。

`1.1.2　玩家及其称谓`

掼蛋是由四名玩家参与的扑克牌游戏，四名玩家按照逆时针方向出牌，依次为己家、下家、对家、上家；相对而坐的两名玩家为同盟，己家和对家为己方，上家和下家为对方。

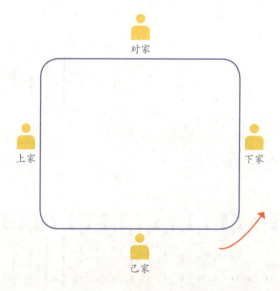

1.2 牌型种类和大小

牌型是扑克牌的组合方式，牌型的大小排序遵循一定的规则，以下分别详细介绍。

1.2.1 牌型种类

掼蛋的牌型有单牌、对子、三张、三带对、三连对、三顺、顺子、同牌炸、同花顺、王炸十种。注意，除同花顺以外，其余牌型的花色可以不相同。

♥ 单牌

单牌也称为"单张"，是手中的任意一张牌，例如3（表示任意花色，点数为3的一张牌，此后不再提示）、5、7、9。

单牌的唱牌方法一般是"一个X"，例如9读作"一个9"

单牌

♥ 对子

对子是指两张牌点相同的牌，这两张牌的花色可以不相同，例如，两张梅花9和梅花9加红桃9都是对9。

对子的唱牌方法一般是"对X"，例如99读作"对9"

对子

对子

♥ 三张

三张是指三张牌点相同的牌，也称为"三不带"，这三张牌的花色可以不相同。例如方块J加黑桃J加梅花J。

三张的唱牌方法一般是"三个X"，例如JJJ读作"三个J"

三张

♥ 三带对

三带对是指三张加一个对子组成的一手牌，例如888-33。注意，三带对必须是三张牌点相同的牌带两张牌点相同的牌，不能带一张或带两张牌点不同的牌，888-3和888-35不是三带对。

三带对

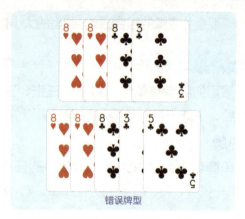

错误牌型

三带对的唱牌方法一般是"三个X带一对Y"，例如888-33读作"三个8带一对3"

♥ 三连对

三连对是指三个牌点相连的对子，这些牌的花色可以不相同，例如33-44-55。注意，三连对必须且只能是三个相连的对子，不能是两个或者三个以上相连的对子。33-44和33-44-55-66不是三连对。

三连对

错误牌型

三连对的唱牌方法一般是"三连对XYZ"，例如33-44-55读作"三连对345"

♥ 三顺

三顺是指两个牌点相连的三张牌型组成的一手牌，例如101010-JJJ。在很多地区，三顺又叫作"钢板"。注意，三顺必须是两个牌点相连的三张，不能是两个以上牌点相连的三张。101010-JJJ-QQQ就不是三顺。

三顺

错误牌型

三顺的唱牌方法一般是"三顺XY"，例如101010-JJJ读作"三顺10J"

♥ 顺子

顺子是指五张牌点相连的单牌，这些单牌的花色不完全相同，例如，56789。注意，顺子只能是五张单牌，不能少于五张或者多于五张。5678和5678910都不是顺子。

顺子   错误牌型

顺子的唱牌方法一般是"顺子XYZWV"，例如56789读作"顺子56789"

♥ 同牌炸

同牌炸是指四张或者四张以上牌点相同的牌。根据组成同牌炸的牌张数，同牌炸又分为四头炸、五头炸等，例如5555为四头炸，QQQQQQQ为七头炸。

四头炸   七头炸

同牌炸的唱牌方法一般是"几个X"，例如5555读作"四个5"

♥ 同花顺

同花顺是指五张牌点相连，花色相同的顺子，例如红桃23456、梅花10JQKA。

同花顺   同花顺

同花顺的唱牌方法一般是"同花顺XYZWV"，例如红桃23456读作"同花顺23456"

♥ 王炸

王炸是指两张大王和两张小王组成的牌型。王炸是所有牌型中最大的牌型，也叫作"天炸"。

王炸

1.2.2 牌型大小

除同牌炸、同花顺、王炸外，相同牌型才有大小之分，不同牌型不可以比较大小；在牌型相同的情况下，按照牌的点数比大小。

♥ 牌点大小排序

扑克牌的单牌由大到小排序一般是大王、小王、A、K、Q、J、10、9、8、7、6、5、4、3、2。

♥ 牌型大小排序

掼蛋牌型的大小排序为：王炸＞六头及六头以上的同牌炸＞同花顺＞五头炸＞四头炸＞其他牌型。

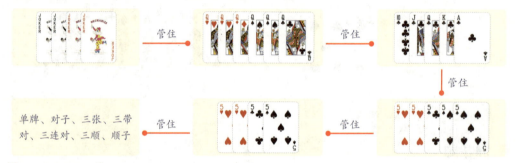

♥ 单牌的大小排序

掼蛋的单牌由大到小排序是大王、小王、级牌、A、K、Q、J、10、9、8、7、6、5、4、3、2。

例如，当盘打2，那么单牌从大到小排序为大王、小王、2、A、K、Q、J、10、9、8、7、6、5、4、3。注意，在掼蛋牌局中单牌的大小排序不分花色。

级牌为2的单牌大小排序

♥ 对子的大小排序

对子的大小排序以单牌大小排序为依据。例如，级牌为2时，对子从大到小排序依次为对大王、对小王、对2、对A、对K、对Q、对J、对10、对9、对8、对7、对6、对5、对4、对3。

级牌为2的对子大小排序

♥ 三张的大小排序

三张的大小排序以单牌大小排序为依据。例如，级牌为2时，最大的三张为222，最小的三张为333；级牌不是2时，222为最小的三张。

级牌为2的三张大小排序

♥ 三带对的大小排序

对比三带对的大小时只对比三张的大小，与所带的对子大小无关。例如，级牌为2时，AAA-33和AAA-22大小相同，222-33比AAA-22大。

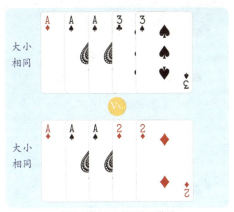

级牌为2时大小相同的三带对

级牌为2时三带对大小对比

♥ 三连对的大小排序

三连对向上连到AA，向下也是连到AA，因此，最大的三连对为QQ-KK-AA，最小的三连对为AA-22-33，三连对的大小依据牌点大小确定。

最大的三连对

最小的三连对

注意，级牌和A属于特殊牌，在组合连牌（三连对、三
顺、顺子）时有特定规则，详情见掼蛋的特殊牌

♥ 三顺的大小排序

三顺与三连对同理，向上连到AAA，向下也连到AAA，因此，最大的三顺是KKK-AAA，最小的三顺是AAA-222。

最大的三顺

最小的三顺

♥ 顺子的大小排序

对比顺子的大小时只对比相连牌中牌点最大的那张牌，最大的顺子为10JQKA，最小的顺子为A2345。

最大的顺子

最小的顺子

♥ 同花顺的大小排序

同花顺的大小排序与顺子的大小排序相同。

最大的同花顺

最小的同花顺

♥ 同牌炸的大小排序

同牌炸从小到大排序依次为四头炸、五头炸、六头炸、七头炸、八头炸、九头炸、十头炸，头数相同的同牌炸大小再依据牌点大小确定。例如，44444比4444大，JJJJ比5555大。

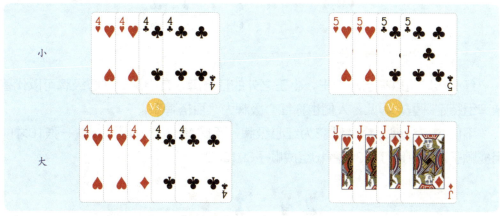

头数不同的同牌炸大小对比　　　　　　　头数相同的同牌炸大小对比

1、3　掼蛋的特殊牌

掼蛋有三种特殊牌，它们分别是级牌、红心级牌、下放牌，这三种牌的大小是可以变化的。

1.3.1　级牌

在组连牌时，级牌只能当作原始牌点使用，不能向下与A相连。例如下图中，级牌为3，3在组连牌时，只能向上与4相连，向下与2相连，而不能向下与A组连牌。

正确的组牌　　　　　　　　　　　　　错误的组牌

1.3.2 红心级牌

红心级牌是红桃花色的级牌，例如当前级牌为3，红桃3便是红心级牌。

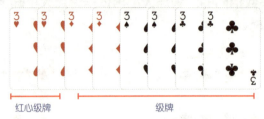

红心级牌　　　　　　　　级牌

红心级牌可以充当除大王、小王之外的任意牌，在组牌时红心级牌可以代替缺牌组特定牌型，因此，人们也称红心级牌为"百搭牌"。

下图中，级牌为3，红桃3为红心级牌，手牌有8、9、J、Q，缺一张10才能组成顺子，便可用红桃3代替10组成顺子8910JQ。

1.3.3 下放牌

下放牌特指A，在组连牌时，将A放到2后面，这时A的牌点为最小的1，可以用A与2345组成顺子，用AA与2233组成三连对，用AAA与222组成三顺。

顺子　　　　　　　　　三连对　　　　　　　　　三顺

1.4　掼蛋的基本术语

术语是特定学科的专门用语，它能快速、精准地表达这一学科约定俗成的内容。以下介绍一些掼蛋的基本术语，方便大家之后的阅读学习。

♥ 一局

传统的升级玩法是从2开始打，直到打过A，分出胜负后称为一局；创新的计分玩法是规定打多少盘，打完规定盘数后分出胜负称为一局。

♥ 一盘

一盘是指每次洗牌后，四名玩家从抓第一张牌开始到一方两名玩家出完手牌，分出胜负，一局包含多盘。

♥ 一轮

一轮是一盘牌中，某名玩家发牌后，各玩家按照逆时针方向相继要牌或过牌一次，直到其中三名玩家均过牌一次。

♥ 一圈

一圈是四名玩家相继要牌或过牌一次。

♥ 上家、下家、对家

四名玩家围着牌桌分坐四方，位于己家左手方的玩家为上家，位于己家右手方的玩家为下家，位于己家对面的玩家为对家。

♥ 己方、对方

四名玩家两两组队，由己家与对家组成己方，由上家与下家组成对方。

♥ 级数

级数是由2到A的排列序数，级数由小到大排列依次为2、3、4、5、6、7、8、9、10、J、Q、K、A，共十三个级数。

♥ 升级

升级是依照级数的排序由小到大往上打，直到有一方玩家打过A；掼蛋牌局第一盘从2开始打，每盘结束后获胜方依据规则升级。

♥ 头游、二游、三游、末游

一盘牌中，四名玩家中第一个出完手牌的玩家为头游，第二个出完手牌的玩家为二游，第三个出完手牌的玩家为三游，未出完手牌的玩家为末游。

♥ 双上、双下

一盘牌中，同一方的玩家分别获得头游和二游则为双上，而另一方玩家则为双下。

♥ 进贡

在一盘牌中，出牌之前，由末游向头游贡献一张最大的牌，称为"进贡"。注意，红心级牌除外。如果是双贡的情况，则由双下向双上贡献一张最大的牌。

♥ 还贡

头游或者双上收到进贡的牌后，向进贡的玩家还一张牌，称为"还贡"。

♥ 抗贡

原本应该进贡的末游或者双下抓到两张大王，按照规则就无须进贡了，这便是"抗贡"。

♥ 单贡

由末游向头游进贡的情况，叫作单贡。

♥ 双贡

由双下向双上进贡的情况，叫作双贡。

♥ 抓牌

四名玩家按照逆时针方向依次取扑克牌，叫作"抓牌"，抓牌时每人每次只能抓一张牌。

♥ 理牌

玩家将抓到的牌按照牌的花色和牌的大小整理，叫作"理牌"。

♥ 组牌

组牌是指各位玩家按照掼蛋可出牌型组合抓到的牌，即调配牌型。

♥ 发牌

一盘牌中，每一轮中第一位玩家出牌叫作"发牌"，发牌也叫作"领出"。

♥ 出牌

玩家按照可出牌型把手中的牌打出去，就叫"出牌"。

♥ 牌点

扑克牌的大小叫作"牌点"，也叫"点数"。例如红桃9的牌点就是9。

♥ 级牌

牌点与当盘所打级数相同的牌就是级牌。例如，当盘打6，所有牌点为6的牌都为级牌。

♥ 红心级牌

级牌当中红桃花色的两张牌为红心级牌，也叫作"百搭牌"。例如当盘打6，红桃6就是红心级牌。

♥ 封顶牌

每一种牌型中最大的牌叫作封顶牌。例如，大王是单牌中的封顶牌。

♥ 明牌

凡是能看到牌点的扑克牌都是明牌。例如，切牌时将一张牌翻面，牌点朝上，这张牌便是明牌。各位玩家已出的牌，也是明牌。

♥ 全手牌

各位玩家抓完牌后，手中所有的牌叫作"全手牌"，全手牌共27张。

♥ 余牌

玩家出过一部分牌后，手中剩余的牌叫作"余牌"。例如，玩家出完33后，手中剩下AA88，那么AA88便是余牌。

♥ 手牌

玩家当前手中的牌叫作"手牌"，手牌包含全手牌和余牌。

♥ 一手牌

玩家按照可出牌型一次出的牌叫作"一手牌"。例如，某玩家出55，这两张5便是一手牌。

♥ 手数

玩家按照可出牌型组牌后，需要出牌的次数叫作"手数"。例如，玩家手中有555-33、AAA-77、8888，那么该玩家当前手数为3。

♥ 牌力

从玩家是否能快速出完手牌来看，牌力大小和牌点、手数有关。玩家手中的封顶牌多、炸弹多且大、手数少，则牌力强。

♥ 冲牌

冲牌一般是指玩家手中只有一手小牌，其余的牌都是其他玩家要不上的牌时，该玩家先出其他玩家要不上的牌，最后一手出小牌。

♥ 顶牌

顶牌是己方出较大的牌，引对方打出手牌中的大牌。例如，级牌为2时，己方出A，引对方出2，或者己方出2，引对方出大王或者小王。

♥ 送牌

送牌是某玩家发牌时出小牌，让其他玩家打出手中的小牌，一般都是结盟双方相互送牌。例如，对家余牌为88，自己出33，让对家有机会出88。

♥ 跑牌

跑牌是以出完手牌为目的的出牌，跑牌一般是出手中的小牌。例如，上家出444-33，你手中有555-33和AAA-99，你出555-33，而不是AAA-99。

♥ 上手

上手是指某玩家出牌后，其余玩家都过牌，该玩家获得发牌权。

♥ 回手

回手是指某玩家手牌中既有小牌也有封顶牌，该玩家先出小牌，再出封顶牌。回手的目的是发出小牌，并用封顶牌再次获得发牌权。

♥ 借风

借风是某玩家出完手牌后，其余玩家都不要牌，此时该玩家的对家获得发牌权。

1.5　输赢规则

掼蛋采用两副扑克牌，共108张牌，每位玩家持有27张牌。每一轮的领出玩家可出任意一种掼蛋牌型，之后各位玩家按照逆时针方向依次压牌，直至无人压牌后，由这一轮最后出牌的玩家领出下一轮的牌型，当同一方的两位玩家出完手牌后，这一盘牌分出胜负。

掼蛋一局的输赢规则分传统的升级玩法和创新的积分玩法，以下分别进行介绍。

1.5.1　升级玩法

升级玩法下，牌局不限定盘数，第一盘双方都从2开始打，每一盘结束后分出头游、二游、三游、末游，或者双上和双下，获得头游的一方便可升级。

♥ 输赢判定

升级玩法下，一局的输赢依据双方升级的级数判定，最低级数为2，最高级数为过A，级数高的一方获胜。

♥ 级数判定

每一盘结束后赢牌一方的升级级数，根据赢牌一方两人的名次分三个档次：

1档升3级，赢牌方两人分别是头游和二游；

2档升2级，赢牌方两人分别是头游和三游；

3档升1级，赢牌方两人分别是头游和末游。

以当盘打2为例，赢牌方的三个升级档次如下图所示。

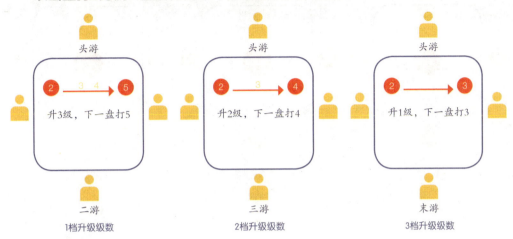

♥ 过A规则

升级玩法中A必须打，不能直接升级跳过级数A，且打A的一方中一人必须取得头游，另一人不能为末游，当满足以上条件时，打A的一方才算过A，否则打A的一方需继续打A。玩家进行非竞技掼蛋游戏时，如果一方连续或者非连续三次打A不过，此时该方需要重新打2，即"3A不过回到2"。这时该方并未输牌，从打2开始继续升级。

1.5.2 积分玩法

积分玩法下，牌局可以计盘或者计时，每盘始终打2，每一盘结束后分出头游、二游、三游、末游，或者双上和双下，获得头游一方便可积分。

♥ 输赢判定

积分玩法下，一局的输赢依据双方累计积分判定，在规定的时间或盘数内，累计积分多的一方获胜。

♥ 分值判定

每一盘结束后赢牌一方的积分分值，依据赢牌一方的二人名次分三个档次：

1档积3分，赢牌方两人分别是头游和二游；

2档积2分，赢牌方两人分别是头游和三游；

3档积1分，赢牌方两人分别是头游和末游。

积分的分值大小也有其他规定，比如30分、20分、10分。

赢牌方的三个积分档次如下图所示。

第二章
掼蛋的打牌步骤

本章以掼蛋打牌过程为线索，从选座开始，依照一盘牌的流程依次介绍洗牌、切牌、抓牌、理牌、组牌、进贡、还贡、抗贡、出牌、报牌、问牌，在各流程中讲解规则，以便读者学习。

2.1 座次和换座

掼蛋牌局由四位玩家，两人一组结对组局，结为同盟的两人座次间隔，相对而坐。牌局开始之前先抽签确定各玩家的座次，相对而坐的两人结盟；牌局中途如有玩家提出换座，依旧用抽签的方式决定座次。

2.1.1 抽签决定座次

抽签决定座次时以扑克牌为签，抽签形式有两种，一是抽扑克牌的花色，二是抽扑克牌的点数大小。

♥ **形式一**

先抽取红桃、方块、黑桃、梅花牌各一张，将扑克牌背面朝上放置在牌桌中间；再规定各花色分别对应牌桌哪个方位。各玩家抽签后坐到对应花色的座位上，相对而坐的两位玩家为同盟。

♥ **形式二**

先按照扑克牌的点数大小抽出四张牌，将扑克牌背面朝上放置在牌桌中间；再规定最小点数对应的座位，按照逆时针方向从小到大排座，相对而坐的两位玩家为同盟。

2.1.2 抓牌决定换座

常规玩法一般是确定座次后不再换座，积分玩法分固定结对和随机结对两种形式的牌局。

♥ 换座的操作步骤

先按照上一盘的名次，由末游洗牌，头游切牌。切牌是指随机抽取一张牌，正面朝上插入牌摞中作为明牌。

接着从末游开始按照逆时针方向依次抓牌，通过抓明牌的方式决定座次。

♥ 换座的情况

抓到明牌的玩家座位不变，该玩家的上家或者下家抓到与明牌相同的牌时，则与该玩家结盟，待抓牌完成后，与该玩家的对家互换座位。

换座情况示意图

♥ 不换座的情况

如果明牌与另一张相同的牌被同一人或结为同盟的两人抓到，则座位不变。

不换座情况示意图

2.2　洗牌

掼蛋的用牌是两副扑克牌，共108张牌，牌局开始前需先打乱扑克牌，也就是洗牌。牌局中由谁洗牌，以及怎么洗牌是有规定的，接下来分别介绍。

2.2.1　洗牌的玩家

牌局依照游戏规则分首盘和次盘两种情况，下面介绍首盘和次盘中洗牌的玩家。

♥ 首盘

牌局的第一盘称为首盘，首盘可以由东家或任意玩家洗牌。

♥ 次盘

第一盘结束后的各盘称为次盘，次盘由上一盘头游的上家洗牌。

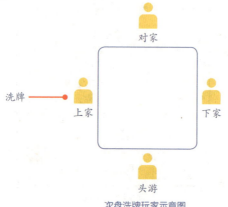

次盘洗牌玩家示意图

2.2.2　洗牌的要求

首盘洗牌时，玩家需将扑克牌均匀地洗3～5次，再放置在牌桌上，之后不允许切牌和插牌；次盘洗牌时必须均匀地洗2～3次，同理，洗牌后不允许切牌和插牌。

2.3　切牌

切牌是将洗好的一摞牌，从中间随意一处分开，以便指定玩家从那开始抓牌。

下面介绍首盘和次盘两种情况下切牌的玩家。

♥ **首盘**

首盘洗牌可以是任意玩家，所以首盘由不洗牌的一方玩家中的任意一人切牌。注意，首盘切牌时需要随机抽一张除大王、小王之外的牌作为明牌，将明牌正面朝上插入牌摞中间，也可以将明牌放到上半摞牌上。

明牌的作用是确定由谁先抓牌

♥ **次盘**

首盘之后的各盘都由头游切牌，切牌时不需要翻出明牌。

切牌时需从牌摞中间将牌摞分开，不允许切上面或者下面五张以内的牌。

2.4　抓牌

抓牌是各玩家按照逆时针方向，依次抓取108张牌，每人每次只能抓一张牌，抓完牌后每位玩家都持有27张牌。

2.4.1 抓牌的顺序

依照游戏规则，抓牌时由哪位玩家抓第一张牌，分为首盘和次盘两种情况。

♥ 首盘

从切牌的玩家开始，按照逆时针方向数明牌点数，数到明牌点数的玩家先抓牌，抓牌时从下半摞牌抓起。

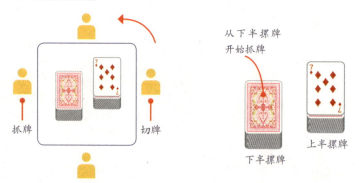

♥ 次盘

首盘之后的每盘都由末游先抓牌，如果遇到双下的情况，则由头游的下家先抓牌。

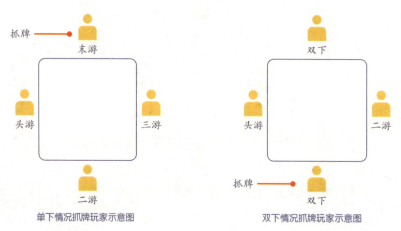

单下情况抓牌玩家示意图　　　　双下情况抓牌玩家示意图

2.4.2 抓牌的要求

抓牌时需牌面朝下，首盘抓到明牌的玩家需将明牌放到牌桌上。

2.5　理牌和组牌

理牌是将抓到的牌按照扑克牌的花色和点数整理成竖列。组牌是依照掼蛋可出牌型，调整手中的牌以搭配出各种牌型。接下来我们以2为级牌，演示理牌和组牌。

2.5.1　理牌

理牌分三个阶段，一是抓牌过程中，二是抓牌完成后，三是打牌过程中。玩家可以按照下面介绍的方法理牌，也可以根据自己的习惯理牌。

♥ **抓牌过程中**

抓牌时将大王、小王和级牌排成一列放到边缘，再依照花色排4列，每列按大小排序。

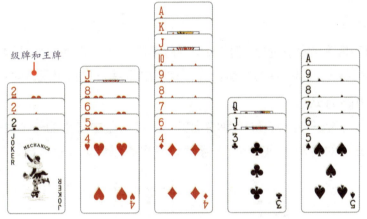

♥ **抓牌完成后**

抓完牌后依照扑克牌的花色挑出同花顺，同花顺一般为不会变动的牌型，单独放一列；再依照扑克牌的点数挑出三张、对子、同牌炸分别排一列，剩下的单牌单独放一列。

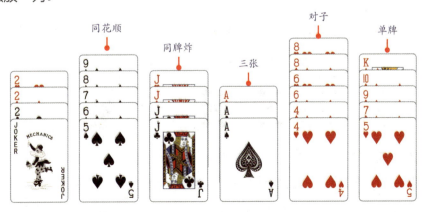

♥ 打牌过程中

打牌过程中需一边打牌一边理牌，当余牌少时，不要竖插牌，单牌不靠边摆放，以防被对手看出余牌的牌型。

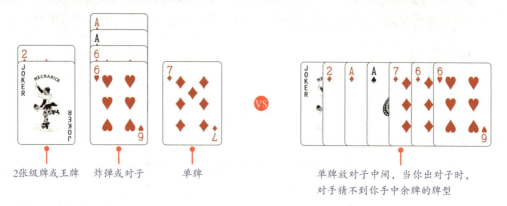

2张级牌或王牌　　炸弹或对子　　单牌　　　　　　　　单牌放对子中间，当你出对子时，
　　　　　　　　　　　　　　　　　　　　　　　　　对手猜不到你手中余牌的牌型

2.5.2 组牌

在出牌前玩家要依据掼蛋可出牌型调整手牌，放大手牌的牌型组合优势。组牌的目的是用最少的出牌次数将牌出完，常见的组牌方式有组三带对和组连牌。

♥ 常见的组牌方式

先来看一下组三带对这种牌型的优势。三带对是由三张加一个对子组成的牌型，通过组三带对将两手牌变成了一手牌，并且可以将小对子带走。

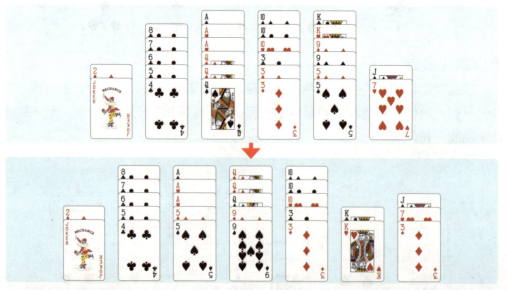

连牌包括同花顺、杂花顺、三顺、三连对四种，在组连牌时经常要拆牌。拆牌、组牌的原则是拆出来的牌不能多，最好拆出的牌可以与其他牌组

顺子或三带对。

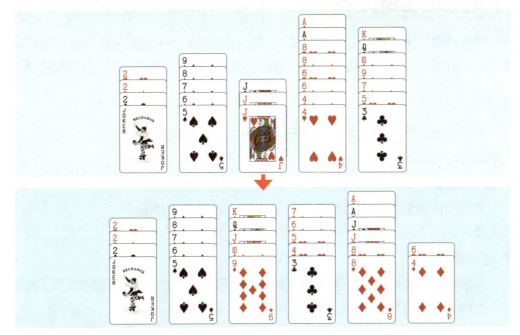

♥ 用好百搭牌

百搭牌用来组炸弹和补缺牌，一般优先考虑组炸弹，再考虑组顺子和三带对。用百搭牌组牌可以从以下两个方面考虑：一是将零散的牌组成可出牌型，减少手数；二是增加封顶牌。下图中，假设级牌为2。

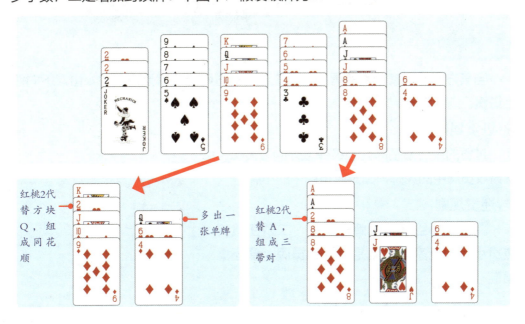

2.6 进贡和还贡

掼蛋牌局从第二盘开始，在出牌之前按照各玩家上一盘的名次，进行进贡和还贡。进贡和还贡分单贡和双贡两种情况。接下来以2为级牌，介绍进贡和还贡。

2.6.1 单贡

当某玩家取得头游，对方一名玩家取得二游，由末游向头游进贡，则为单贡。

单贡示意图

♥ **进贡规则**

末游向头游进贡的牌必须是自己手中除红心级牌之外的最大牌。

♥ **还贡规则**

头游收到贡牌后需还一张牌给末游，还给己方搭档的牌必须是10以下（包含10）的牌，还给对方的牌可以为任意牌。

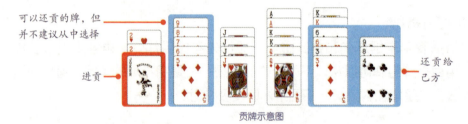

可以还贡的牌，但并不建议从中选择

进贡

还贡给己方

贡牌示意图

2.6.2 双贡

当某方两位玩家分别取得头游和二游，对方两位玩家是双下时，由双下向双上进贡，则为双贡。

♥ **进贡规则**

进贡的牌必须是除红心级牌之外的最大牌，头游收贡牌中的大牌，二游收贡牌中的小牌。

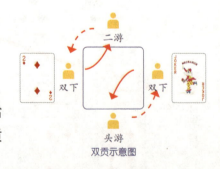

双贡示意图

♥ **还贡规则**

头游还贡给进贡大牌的玩家，二游还贡给进贡小牌的玩家，也就是收谁的贡牌，便还贡给谁。

2.7 抗贡

进贡方抓到两张大王时便满足抗贡条件，比如，单贡时末游抓到两张大王，双贡时双下中的一人抓两张大王或者两人各抓到一张大王便可以抗贡，没有进贡便无须还贡。

单贡时抗贡示意图

双贡时抗贡示意图

2.8 出牌

进贡和还贡完成后就可以出牌了，出牌需按照逆时针方向依次出牌，当三位玩家或者同一方的两位玩家出完手牌时，则一盘牌结束。

2.8.1 领出牌

领出牌是指每轮最先出的牌，领出牌可以是任意牌型。

♥ **首盘第一轮领出牌**

在掼蛋牌局中首盘的第一轮，由抓到明牌的玩家领出牌。

♥ **次盘第一轮领出牌**

次盘由向头游进贡的玩家领出牌，如果抗贡，则由头游领出牌。

首盘第一轮领出牌示意图

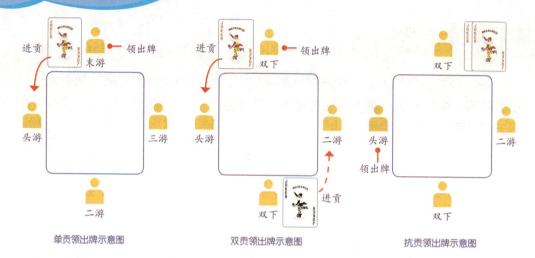

单贡领出牌示意图　　　　　双贡领出牌示意图　　　　　抗贡领出牌示意图

2.8.2　行牌

行牌是各位玩家按照逆时针方向依次要牌或者过牌。

♥ 行牌顺序

从领出牌的玩家开始，按照逆时针顺序依次要牌或过牌。

♥ 要牌

玩家要牌后，须出与领出牌相同的牌型或者出炸弹压牌，且下一位玩家出的牌要大于上一位玩家的牌。

♥ 过牌

当手牌中没有比上一位玩家大的牌，就要过牌；当一位玩家出牌后，其余三位玩家都选择过牌，则由最后出牌的玩家获得领出牌权，开始下一轮行牌。

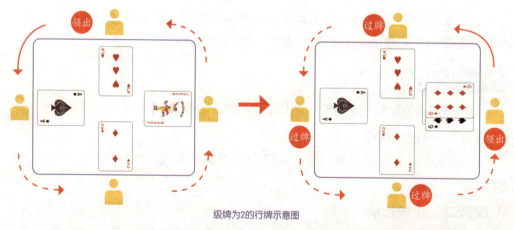

级牌为2的行牌示意图

♥ 借风

当头游或与头游不为同方的玩家出完牌后，剩余玩家无人要牌，则由该玩家的搭档取得出牌权。

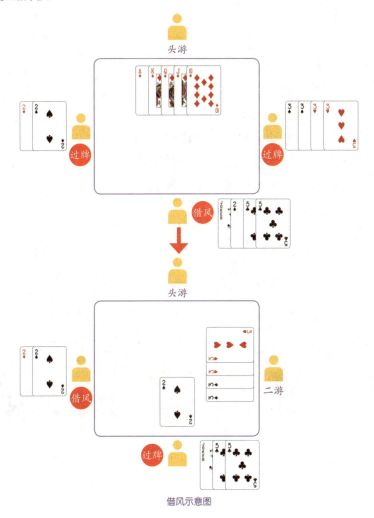

借风示意图

2.8.3 出牌注意事项

1. 除了炸弹外，每手牌的数量不能超过6张，且一手牌要一次性出完，不得分次出牌。

2. 轮到玩家出牌时需表态，要牌时可直接唱牌再出牌，过牌时说"过"。

3. 出对子、顺子、三连对、三张、三带对等牌型时需一次性出完牌，且必须按照牌的点数从小到大、从左到右排序。

4. 用红心级牌配牌时，要将红心级牌放到对应位置。

2.9 报牌和问牌

报牌是告诉其他玩家你手中的余牌数量，问牌是问某位玩家手中的余牌数量。

2.9.1 报牌

当某位玩家出完一手牌后，手中的余牌数量小于等于10张时，需主动报出手中余牌数量，在一盘牌中，玩家只需主动报一次牌。

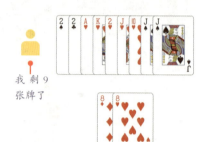

我剩 9 张牌了

如果发现玩家没有主动报牌，则可以要求其收回已出牌至需报牌时的状态；如同一方的玩家再次出现不报牌的情况，则停止该玩家一圈的出牌权。

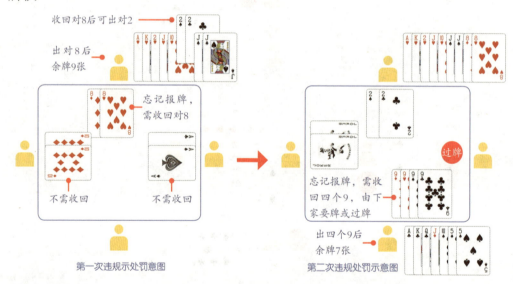

收回对8后可出对2

出对8后余牌9张

忘记报牌，需收回对8

不需收回　　不需收回

第一次违规示处罚意图

忘记报牌，需收回四个9，由下家要牌或过牌

出四个9后余牌7张

第二次违规处罚示意图

2.9.2 问牌

当某玩家主动报牌后，其他玩家便不可以问该玩家手中余牌数量，该玩家也不可以回答。如果玩家违规问牌或做出回答，第一次警告，第二次停止违规者一圈出牌权。

第三章
掼蛋的通用技巧

本章以一盘牌的打牌流程为线索，分别总结了组牌、拆牌、进贡、还贡、算牌、记牌、出牌的技巧，每个技巧结合具体案例，并配上对应图文进行深入浅出地讲解。

3.1 组牌的技巧

掼蛋玩家手中的牌是固定的27张，在牌的数量不变、牌型可变的情况下，组牌的技巧尤为重要，合理组牌能增强玩家的手牌牌力，提高其获胜的概率。

接下来分别介绍组牌的技巧。

3.1.1 单牌

从单牌的数量和单牌的大小两方面考虑组单牌。

♥ 单牌的数量

从减少手数来看，单牌越少越好。单牌数量少，说明手数少，牌型比较完整，能更快地出完手牌。

下图所示手牌既可以组成QQ、99、J、10、8，又可以组成8910JQ、Q、9，从组牌手数考虑，建议选择第二种组牌方式，因为组牌后单牌少，且牌点大。

建议采用

♥ 单牌的大小

从单牌的牌力来看，牌点越大越好。牌点越大，在出牌时越容易顺牌，减少需自己发牌的次数。

下图所示手牌既可以组成34567、8，又可以组成45678、3，从顺牌角度考虑，建议组成34567、8，因为8比3更容易顺牌。

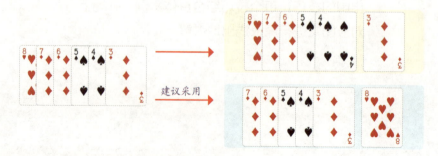

建议采用

3.1.2 对子和三连对

从顺牌角度来看，对子与单牌一样，牌点越大越容易顺牌。因此，在用对子与其他牌组牌时，尽量用小对子，留下大对子。

下图所示手牌，既可以组成33-44-55和66，又可以组成44-55-66和33，从顺牌角度考虑，建议组成33-44-55和66，因为33很难顺牌。

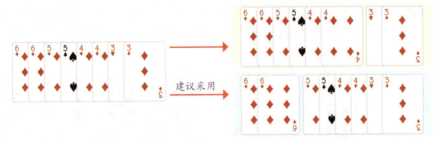

注意，如果四个对子的牌点均大于10，就用大对子组牌，留下小对子，那样组的三连对就是封顶牌，且留下的小对子也很容易顺牌，如下图所示。

3.1.3 三张和三带对

在三张和三带对两种牌型中，组牌时优先组三带对，因为三带对可顺走1手对子。注意，三带对的大小与所带的对子大小无关，在组三带对时选择小对子与三张组牌。

下图所示手牌既可以组成888、33、44，又可以组成888-44和33，还可以组成888-33和44。从手数和顺牌角度考虑，建议组成888-33和44。

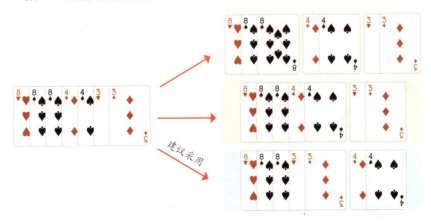

3.1.4 三顺和顺子

玩家在组三顺和顺子时，可参考以下三个原则。

♥ 轻易不组顺

在不增加零散牌或破坏牌型的前提下，可考虑组三顺和顺子，如果会破坏牌型或增加单牌，便不组三顺和顺子。

下图所示手牌既可以组成678910、1010、9、7、6，又可以组成10101066、99、77、8，这种情况下不建议组顺子，因为组顺子会拆出多张单牌。

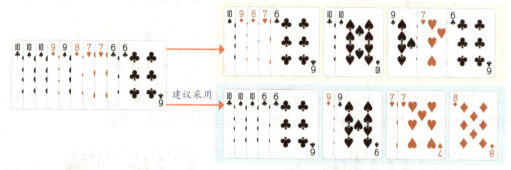

♥ 顺走小牌

组顺子时大多需要拆牌，拆牌时尽量留下大牌，顺走小牌。

下图所示手牌既可以组成678910、5，又可以组成56789、10，建议组顺子56789和10。

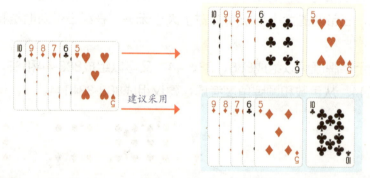

♥ 组封顶牌

组顺子时，如果有封顶牌，则组封顶的顺子，留下小牌。

下图所示手牌既可以组成910JQK和A，又可组成10JQKA和9，建议组顺子10JQKA和9。

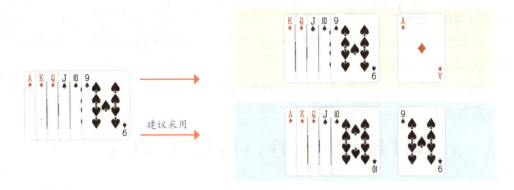

3.1.5 炸弹

炸弹是压制对方出牌和争取领出权的优势牌型，因此，组炸弹需遵循炸弹多和炸弹大的原则。

♥ 炸弹越多越好

如果全手牌拆牌后能组多个炸弹，但多出几张小牌，只要全手牌中有大牌可以回手，就应该拆牌组炸弹。

例如，当前打2，全手牌如下，其中有两个炸弹，但将其中五个9拆成四个9和同花顺56789，便有三个炸弹。

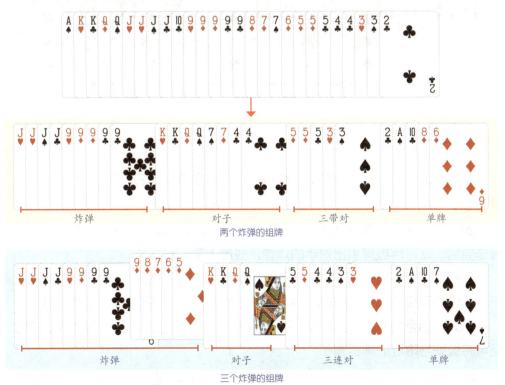

两个炸弹的组牌

三个炸弹的组牌

♥ 炸弹越大越好

大炸弹一般是指同花顺和四张以上的同牌炸，在对手数影响不大的情况下，组牌时尽量组大炸弹。

例如，当前打2，全手牌如下，其中有两个四头炸，若将四个J拆开，可组成同花顺78910J。

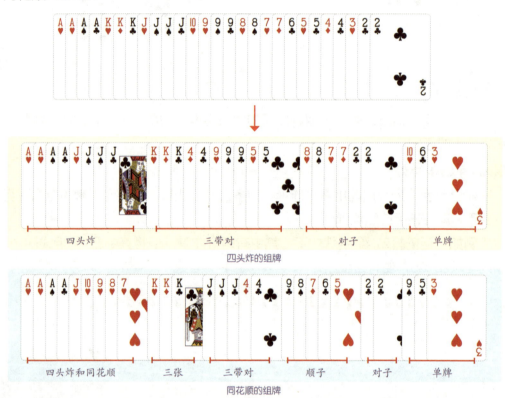

四头炸的组牌

同花顺的组牌

3.1.6 特殊牌

特殊牌是级牌、红心级牌、下放牌，以下分别介绍这三种牌。

♥ 级牌

级牌是除王牌之外最大的牌，因此，一般会用级牌引出对手的王牌，而当王牌走完后，就可用级牌引出对手的炸弹，或者上手。

在组牌时我们不仅可以把级牌当大牌用，还可以根据级牌原始牌点组成顺子，当级牌两头有较多单牌时，便用级牌与两头的牌组成连牌，使牌型完整。

例如，当盘打10，全手牌如下，其中有一张9和一张J，且没有缺牌，这时，便可将级牌与附近的牌组顺子。

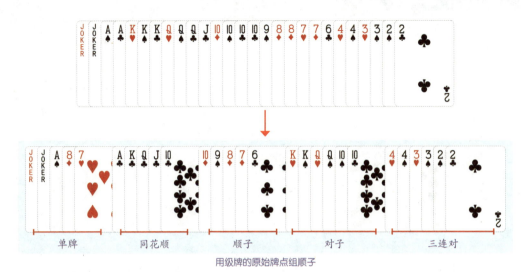

用级牌的原始牌点组顺子

♥ 红心级牌

红心级牌有百搭牌之称，它可以代替除大王和小王之外的任意牌，一般用百搭牌组炸弹，或者用百搭牌补缺牌。

例如，当前打2，全手牌如下，其中两张2为红心级牌。观察手牌，如果用红桃2代替缺牌，梅花花色的牌可组成两个同花顺。

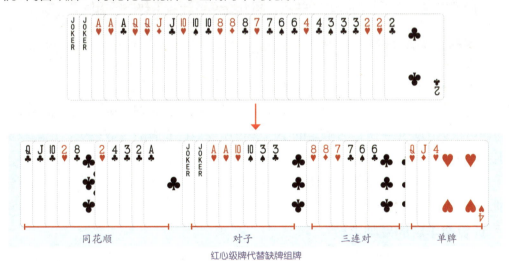

红心级牌代替缺牌组牌

♥ 下放牌

下放牌为A，它不仅可以与K相连组成连牌中的封顶牌，如QQ-KK-AA；也可与2相连组成最小的连牌，如A2345。

例如，当盘打7，全手牌如下，A向下与K组成10JQKA，减少四张单牌；A向上与2组成AA-22-33，可顺走两个小对子。

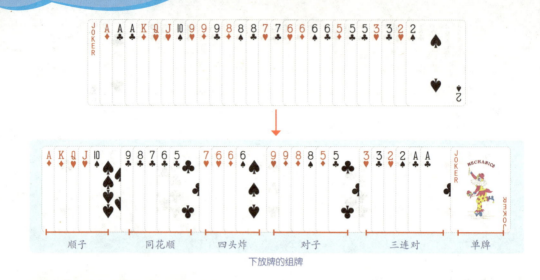

下放牌的组牌

顺子　　　同花顺　　　四头炸　　　对子　　　三连对　　　单牌

3.2　拆牌的技巧

拆牌是将整牌拆散重新组牌，拆牌的目的是减少出牌手数或者组封顶牌，从而更快地出完全手牌，或者增强牌力，提高获胜概率。

接下来先介绍手数与牌局的关系，再介绍通过计算手数进行拆牌。

3.2.1　手数与牌局的关系

为了更快地出完全手牌，组合牌型时需计算全手牌的手数。

一般手数越少，能越快出完全手牌；封顶牌和炸弹越多，则上手概率越高，同理可快速出完全手牌；可顺走的小牌多，所需自己发牌的手数越少，也能越快出完全手牌。

综上分析，全手牌是否能快速出完，与发牌的次数和上手次数有关，以下分别进行详细介绍。

❤ **计算全手牌的发牌手数**

发牌手数是需要自己获得领出权后打出小牌的次数，一般发牌手数越少越好；全手牌的发牌手数为全部手数减去顺牌手数和上炸手数。

例如，当盘级牌为2，全手牌如下，下面讲解如何计算全手牌的发牌手数。

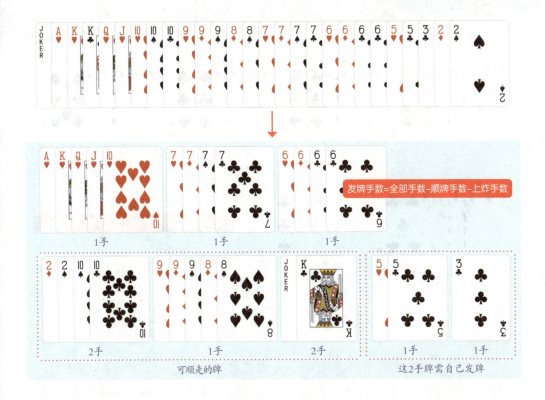

发牌手数=全部手数-顺牌手数-上炸手数

1手 1手 1手

2手 1手 2手 1手 1手

可顺走的牌   这2手牌需自己发牌

一般牌点大于10的单牌和大于6的对子是可以顺走的牌。

上图中全手牌总共10手，其中有3手炸弹和5手可顺走的牌。

依据公式（发牌手数=全部手数-顺牌手数-上炸手数）计算发牌手数，上图所示全手牌的发牌手数为2手。

♥ 计算全手牌的上手次数

上手次数与自己手中的封顶牌和炸弹有关，一般玩家打出封顶牌和炸弹后，便有机会上手，也就是获得领出权，从而领出自己手中的小牌。因此，全手牌的上手次数越多越好。

全手牌的上手次数为大牌封顶次数加上炸次数减去被炸次数。

例如，当盘级牌为2，以下图全手牌为例，演示如何计算全手牌的上手次数。

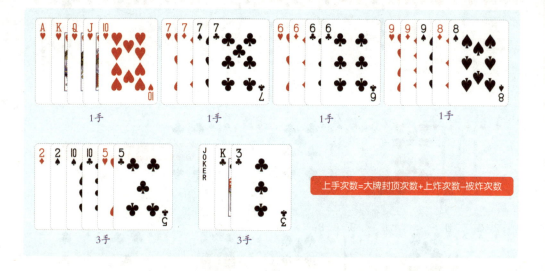

上手次数=大牌封顶次数+上炸次数−被炸次数

分析说明

　　上图中封顶牌和炸弹总共有3手，分别是同花顺10JQKA、四个6和四个7，牌点在10以上的J、Q、A分别只有1张，其他玩家手中有炸弹的概率较高，因此，除了同花顺以外，出其他牌都有可能被人用炸弹压牌。

　　按照公式（上手次数=大牌封顶次数+上炸次数−被炸次数）计算上手次数，上图所示全手牌的上手次数为1～3次。

3.2.2　通过计算手数考虑拆整牌

　　在组牌时，为了减少手数和发牌手数，有时就需要拆整牌组牌，比如组三带对、三连对、顺子，让一手牌打出更多的牌和顺走小牌。

　　以下图全手牌为例，5为级牌，分析怎么通过拆牌和组牌减少手数。

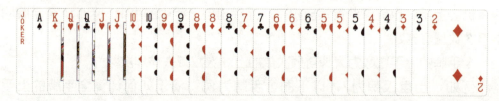

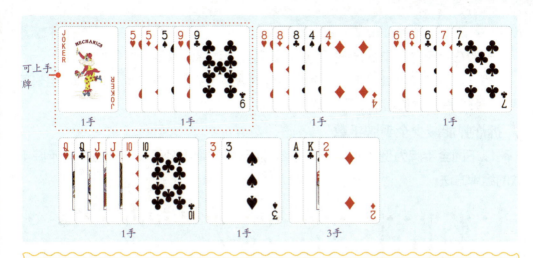

可上手牌 →

1手　1手　　1手　　1手

1手　　1手　　3手

分析说明

　　在不拆整牌的情况下，按照掼蛋可出牌型组牌，上图全手牌总共9手，其中大王和555-99分别是单牌和三带对的封顶牌。

　　依照发牌手数公式计算，上图所示的全手牌发牌手数为4手。

　　依照上手次数公式计算，上图所示的全手牌理想的上手次数为2次。

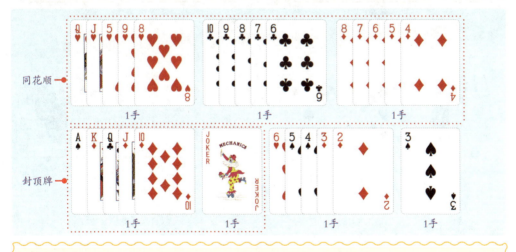

同花顺 →

1手　　1手　　1手

封顶牌 →

1手　　1手　　1手　　1手

分析说明

　　将整牌拆开再组牌后，整手牌手数为7手，其中三手为同花顺，一手大王为单牌的封顶牌，一手为顺子的封顶牌。

　　依照发牌手数公式计算，上图所示的全手牌发牌手数为2手。

　　依照上手次数公式计算，上图所示的全手牌理想的上手次数为5次。

3.2.3 通过计算手数考虑拆炸弹

一般在组牌时，非必要不拆炸弹，如若要拆炸弹需满足以下条件：

第一，拆炸弹可减少手数，使全手牌的牌型更完整；第二，拆炸弹可组封顶牌，增强压牌能力和增加上手次数。

♥ 拆炸弹能减少全手牌手数

以下图全手牌为例，当盘级牌为2，演示拆炸弹组顺子，从而减少全手牌手数的组牌方法。

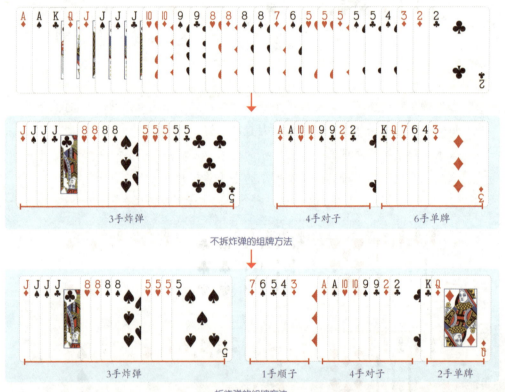

在不拆炸弹的情况下，全手牌手数为13手，有3手炸弹，4手对子，6手单牌。单牌7、6、4、3需自己发牌，1010和99需自己发牌，因此，全手牌的发牌手数为6手。

如果将五个5拆开组顺子，全手牌的手数为10手，依旧有3手炸弹，4手对子，单牌少4手。依照发牌手数公式计算，全手牌的发牌手数为1手。

♥ 拆炸弹能增加上手次数

以下图全手牌为例，当盘级牌为2，演示拆炸弹组封顶牌，从而增强手牌的压牌能力和增加上手次数的组牌方法。

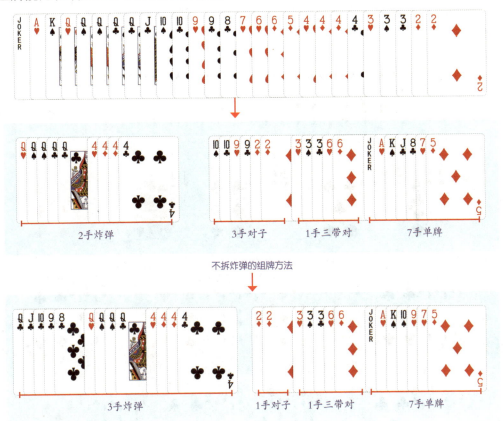

在不拆炸弹的情况下，全手牌的手数为13手，有2手炸弹、3手对子、1手三带对、7手单牌，而单牌、对子、三带对都没有封顶牌，因此，全手牌的理想上手次数为2次。

将五个Q拆开组同花顺后，全手牌的手数为12手，理想上手次数增加到3次。

3.2.4　依据牌局拆牌组牌

打牌过程中需要根据当前牌局改变牌型，首先要看出手牌的牌型变化，以便随时变换牌型。

例如，当盘打2，手牌如下，演示这手牌分别以炸弹、顺子、对子为优势牌型的组牌方法，体会手牌的牌型变化。

当然，以下演示的组牌方法不是唯一的，掼蛋牌型是千变万化的，这也正是其魅力所在。

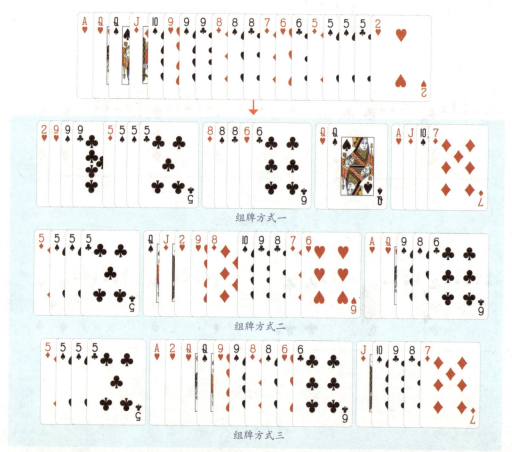

组牌方式一

组牌方式二

组牌方式三

假设对家和上家分别已获得头游和二游，你出四张5获得该轮领出权，已知下家不要对子。此时你可改变牌型，将手牌以上图所示组牌方式三组牌，组牌后领出对子，最后出顺子。

3.3 进贡的技巧

进贡规则规定进贡的牌是除红心级牌外的最大牌，如果手中有大王、小王，就没有选择进贡牌的机会，必须进贡大王。以下以进贡级牌为例讲解进贡的技巧。

3.3.1 给对方进贡

当玩家需进贡级牌时，如何从方块、梅花、黑桃三种花色中选进贡牌呢？

♥ **优先选择进贡的牌**

级牌既能当作除大王和小王以外的最大牌使用，又能当作原始牌点用来组连牌，比如组同花顺。

为了防止对方用贡牌组成同花顺，我们挑选贡牌时应以级牌花色为参考，查看同一花色中是否有与级牌大小相邻或相近的牌，如有，那就选这种花色的级牌进贡。

例如，当盘级牌为10，手牌中与10相邻或相近的牌如下图所示，选择方块10进贡。

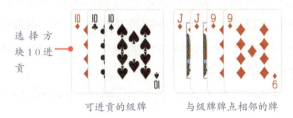

可进贡的级牌　　　　与级牌牌点相邻的牌

　　自己手牌中已有两张方块9和两张方块J，应选择方块10进贡，因为方块9和方块J都在手中，头游收贡后便无法用贡牌组成同花顺，除非头游使用红心级牌代替缺牌。

♥ **放弃选择进贡的牌**

当自己手牌中的级牌与其余手牌已经形成同花顺，或者缺一张牌便可组成同花顺时，就要留下这张级牌，选择其他花色的级牌。

例如，当盘级牌为8，手牌中的8以及与8牌点相连的牌如下图所示，应保留黑桃8，进贡梅花8。

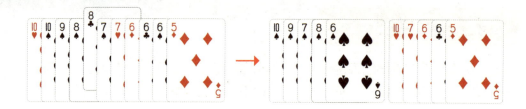

　　黑桃8能与其他手牌组成同花顺678910，在收到10以下的还贡牌时，有可能补缺牌，因此，建议进贡梅花8。

3.3.2　给己方进贡

　　给己方进贡级牌的原则是帮他补缺牌，在选择级牌的花色时，选择利于己方的牌进贡。

♥ 优先选择进贡的牌

　　为了尽可能给对家补缺，增加对家收到贡牌后组成同花顺的概率，在挑选级牌作为贡牌时，先看手牌中除红桃之外哪种花色的牌少，再看这种花色的牌是否与级牌相邻或相近；如果手牌中这种花色的牌少，且牌的大小不与级牌相邻或相近，便选择这种花色的级牌进贡。

　　例如，当盘级牌为5，手牌中的5以及与5牌点相连的牌如下图所示，则应该进贡方块5。

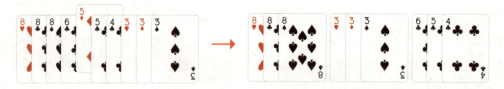

　　从梅花5和方块5中选择一张牌进贡，应选择方块5。手牌中方块少且没有方块4和方块6，己方有方块的概率高于梅花，因此其用方块5组同花顺的概率高于梅花5。

♥ 放弃选择进贡的牌

如果给己方进贡，由于还贡的牌必须是10以内的牌，因此，级牌在10以内时，如自己的手牌中已有包含级牌的同花顺，或者缺一张牌便可组成同花顺，应留下这张级牌，等收到还贡牌补缺。

例如，当盘级牌为7，手牌中的7以及与7牌点相连的牌如下图所示，则应保留梅花7，进贡方块7。

梅花7与其余手牌组成了四张相同花色的连牌，如果还贡牌是梅花5或者梅花10便可组成同花顺。因此，放弃进贡梅花7，选择进贡方块7。

3.4 还贡的技巧

还贡规则规定，还给己方的牌必须是10以内的牌，而还给对方的牌可以为任意牌。选择还贡的牌时，应在不破坏牌型的前提下，防止对方用还贡的牌补缺，或帮助己方用还贡的牌补缺。

3.4.1 给对方还贡

还贡时需避免出现两种情况：一是对方用还贡的牌补四头炸；二是对方用还贡的牌补同花顺。

♥ 防止对方组4头炸的还贡

每一位玩家获得相同花色、相同点数的牌的概率是八分之一。当自己手中某一牌点的牌有2张时，对方手中有5张的可能性比较低。因此，在还贡时优先选择组牌后从对子和三张中拆出来的单牌。

例如，当盘级牌为2，手牌可以组成JJJ-66、678910、9，这时你便可以还贡9。

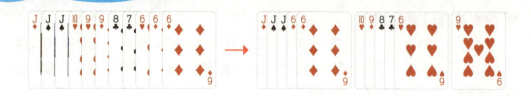

9是组牌后拆出来的单牌，对方有3张9的概率较低，其收到还贡牌后组成四头炸的概率也较低。

♥ 防止对方组同花顺的还贡

为了降低对方用还贡的牌组成同花顺的概率，可采用以下三种还贡方法。

第一，还给对方自己手中同一花色的牌数量多且牌点相连的邻近牌。

例如，当盘级牌为2，手牌中梅花A和梅花9较多，那你就将与梅花9相邻的梅花8还给对方。

首先，你手中梅花花色的牌多，对方有梅花花色的牌就少；其次，梅花9都在你手中，梅花7你也有1张，对方在不用百搭牌的情况下，组成包含梅花8的同花顺概率较低。

第二，还给对方与进贡牌花色相同、牌点相邻的牌。

例如，级牌为5，对方进贡方块5，你手中有方块4和方块7各一张，你便还对方方块4。

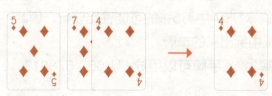

一般对方进贡了一张方块5后，很难再有方块5，在不用红心级牌的情况下，对方用方块4组同花顺的概率很低。

第三，从红桃花色中选择与级牌牌点相连的牌。

例如，当盘级牌为8，你手中有红桃6和红桃9，在不影响牌型的情况下，还红桃9给对方。

对方想用这种还贡牌组同花顺，极大可能需要用到红桃8，红桃8在当盘为红心级牌，可替代缺牌，这便能让对方用掉红桃8。

3.4.2　给己方还贡

在不影响自己牌型的情况下，给己方还贡牌时尽量还给对家有利的牌，而不是累赘牌。

♥ 帮助己方组成同牌的还贡

给己方还贡时应选择自己抓到的单牌，当你手中某一牌点的牌只有一张时，对家抓到这一牌点的牌概率较高，对家收到还贡牌后组成对子、三张、四头炸的概率较高。

例如，当盘级牌为5，你手中10以内的牌如下，可组成999-44、6、4，这时你应还对家一张6，而不是还对家一张4。

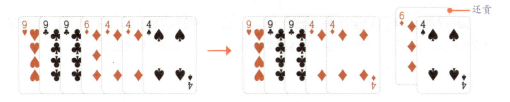

还贡

当你手中只有一张6时，对家手中有6的概率高；而你手中有三张4，对家手中有4的概率低。对家收到6之后，有可能组成对子、三张、同牌炸。对子可以组三带对，减少一手牌；组成三张对牌型影响不大，甚至有可能减少一手累赘牌；而组同牌炸可增强全手牌的牌力。

♥ 帮助己方组成同花顺的还贡

　　当你手牌中某一种花色的牌少，且牌点不相邻时，对家手中有这种花色的牌的概率较高，因此，你可从中选还贡牌。

　　例如，当盘级牌为9，自己手中方块牌最少，10以内的方块牌有3、5、10，便可从方块10或方块5中选择还贡牌。

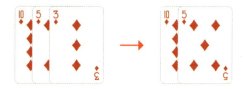

　　当你手中方块牌少时，对家手中有方块牌的概率高。如果还方块5给对家，对家有机会组4以上10以下的同花顺；如果还方块10给对家，对家可以组6以上A以下的同花顺。

♥ 还己方大牌

　　在无法决策还什么牌给对家时，可在10以内的单牌中选择牌点最大的还给对家，这样即使这张还贡牌成为对家的单牌，也会因牌点大而被顺出去。

3.5 算牌的技巧

　　算牌是通过自己的全手牌和已出牌，估算大牌的数量、炸弹的数量、某玩家的优势牌型，并且通过余牌数量估算其余牌的牌型，以便正确出牌。

3.5.1 通过全手牌算牌

每位玩家手中都有27张牌，除大王、小王之外，每个牌点的牌都是8张，在抓完牌之后，查看自己的手牌，就可估算某个牌点的牌在外面还有几张。

♥ 通过手牌算大牌

算大牌是指算牌点在10以上的牌，根据自己手中牌点在10以上的牌的数量，判断其他三家有几张牌点在10以上的牌。

例如，2为级牌，手牌中牌点在10以上的牌如下，那么其他玩家手中有大王、小王共4张，2、A、K、J各6张，Q5张。

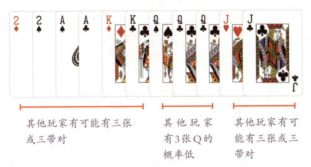

其他玩家有可能有三张或三带对 　　其他玩家有3张Q的概率低 　　其他玩家有可能有三张或三带对

♥ 通过缺牌算同牌炸

如果手牌中的牌点不是连续的，有许多断点，那么其他玩家的手牌中有同牌炸的可能性就很高。

例如，2为级牌，手牌如下，其中缺少牌点为6和7的牌。根据全手牌可以初步估算，牌点为6和7的牌有可能组成同牌炸。

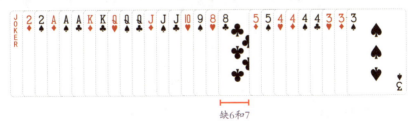

缺6和7

3.5.2 通过已出牌算牌

已出牌分为两种：一是进贡和还贡的牌；二是各位玩家打出的牌。接下来分别介绍怎么通过已出牌算牌。

♥ 通过贡牌算大小王

在出牌之前，末游需向头游进贡，在末游向头游进贡后，就可大概判断大王

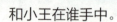
和小王在谁手中。

单贡情况下，自己为三游且手中没有大王和小王，末游向头游进贡一张大王，那么两张大王只能在头游和二游手中，两张小王在头游、二游和末游手中。

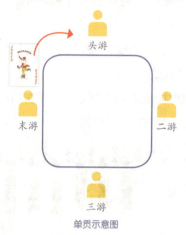

单贡示意图

♥ 通过已出牌排除同牌炸

4张相同牌点的牌便可组成同牌炸，当某个牌点的牌出现了5张后，便可排除这个牌点的同牌炸，除非用红心级牌配牌。

例如，自己手牌中有JJ，上家打出JJJ-33，那么就可以排除由J组成的同牌炸的存在。

♥ 通过已出牌算级牌

算级牌时需注意将红心级牌与其他级牌区分开，不仅要算未出的级牌数量，还要算未出的红心级牌数量。

例如，级牌为2，自己手牌中有红桃2和黑桃2，对家已出一对梅花2，上家用红心级牌配了1手同花顺，那么其余玩家手中的级牌为两张方块2和一张黑桃2。

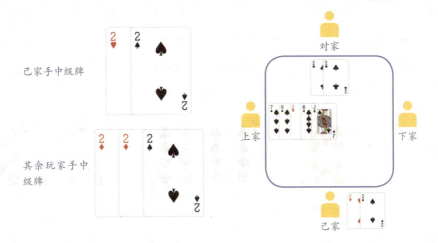

己家手中级牌

其余玩家手中级牌

3.5.3 通过余牌算牌

在掼蛋游戏中，当手中的牌少于10张时就需要报牌，因此我们只估算10张以下的余牌。掼蛋中1手牌最多可出6张，4张牌是炸弹的分水岭，5张牌是顺子和三带对的分水岭，6张牌是三连对和三顺的分水岭，我们将余牌分1～4张、5张、6～9张三种情况分析。

♥ 1～4张

依据掼蛋可出牌型的组牌方式，4张牌以内的牌型有单牌、对子、三张、四头炸，可排除三带对和连牌（顺子、三连对、三顺）。当其他玩家余牌在1～4张时，你便可依照以上列出的牌型进行估算。

单牌　　　　　　对子　　　　　　　三张　　　　　　　四头炸

例如，某玩家手中余牌为3张，那么他的手牌组合方式如下图所示。

3张单牌　　　　　1张单牌加1个对子　　　　　1个三张

♥ 5张

依据掼蛋可出牌型的组牌方式，5张牌的牌型有三带对、顺子、同花顺、五头炸，或单牌、对子、三张、四头炸的组合，排除三连对和三顺。当其他玩家余牌为5张时，你便可依照以上列出的牌型进行估算。

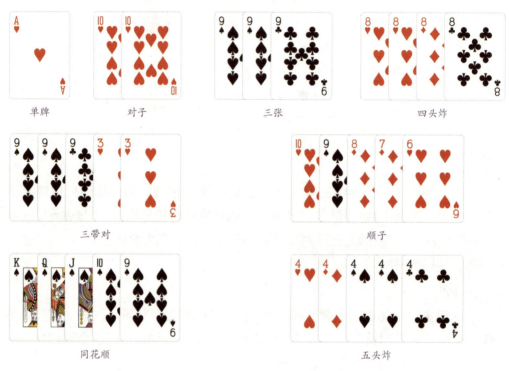

单牌　　　　对子　　　　　　　　三张　　　　　　　　四头炸

三带对　　　　　　　　　　　　顺子

同花顺　　　　　　　　　　五头炸

♥ 6～9张

依据掼蛋可出牌型的组牌方式，6张牌的牌型包含掼蛋的所有牌型。

单牌　　　　　对子　　　　　　　三张　　　　　　　四头炸

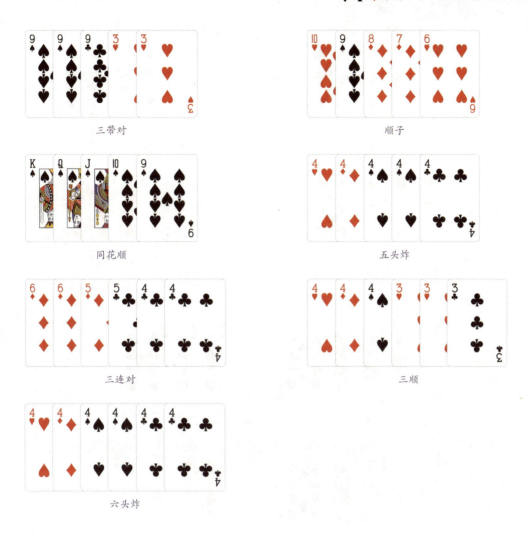

三带对　　　　　　　　　　　　　　顺子

同花顺　　　　　　　　　　　　　　五头炸

三连对　　　　　　　　　　　　　　三顺

六头炸

 分析说明

　　当某玩家余牌为6张时，按照余牌为2手牌的方式算牌，我们可猜测其余牌为顺子加单牌、三带对加单牌、四头炸加对子、同花顺加单牌这四种情况。

　　当余牌在6～9张时，排除两个炸弹的情况，我们可以将牌型组合分为有炸弹和无炸弹两种情况。如果有炸弹，那就没有三带对或顺子；如果无炸弹，那就有三带对或顺子。

　　例如，上家余牌为8张，已知其余牌中只有一个炸弹，且余牌手数在3手以内，我们可推算其余牌牌型组合如下。

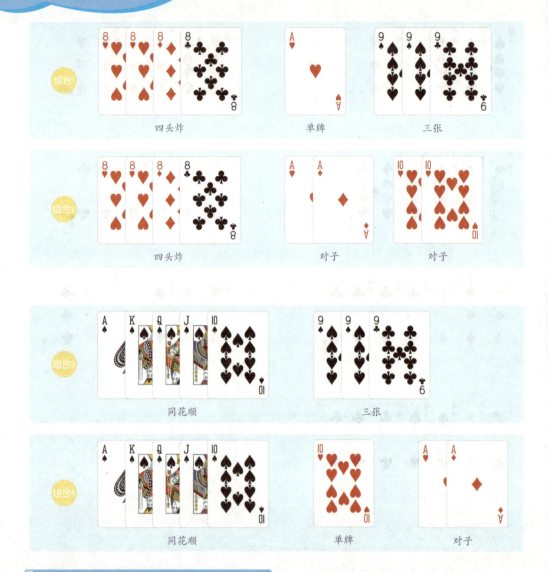

组合1	四头炸	单牌	三张
组合2	四头炸	对子	对子
组合3	同花顺	三张	
组合4	同花顺	单牌	对子

3.5.4 通过牌型相生相克属性算牌

　　牌型有相生相克的属性，因此，我们可通过玩家的出牌情况，推算其手牌的大致牌型。

　　一般牌型相生相克属性如下。

　　第一，炸弹多，则单牌多的概率高。

　　第二，对子多，则三带对可能少；单牌多，则三带对可能多。

　　第三，顺子多，则三带对可能少；出完顺子后，在顺子牌点区域内有炸和三带对的概率低，有单牌和对子的概率高。

第四，三带对多，则顺子可能少；出完三带对，则无包含三张牌点的顺子。

例如，上家出顺子56789，那么可大胆推算，上家手中无牌点在5～9的三张和同牌炸，但有牌点在5～9的单牌或者对子。

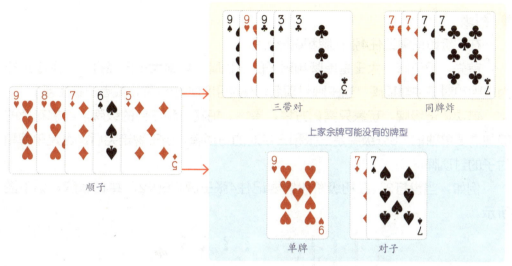

上家余牌可能没有的牌型

上家余牌可能有的牌型

例如，上家出JJJ-99，则可大胆推算，其手牌中无顺子78910J、10JQKA。

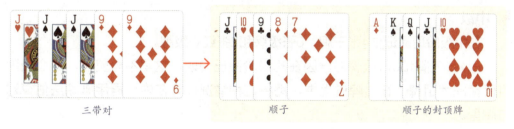

上家余牌可能没有的牌型

3.6　记牌的技巧

在出牌时，不允许询问其余玩家已出牌，也不可翻看已出牌，因此，想要了解各玩家手中余牌情况，唯有记牌。

记牌的目的是给自己在做出牌决策时提供参考，通过记牌分析各玩家要什么牌，不要什么牌，手中有什么牌。记牌是一个循序渐进的过程，最初只需记大牌和关键牌，之后再记单牌和缺牌，最后记明牌、牌路和炸弹。

3.6.1 记大牌

记大牌是指记K以上的牌，因为牌张比较多，所以记大牌分初级、中级、高级三个阶段。

♥ 初级

在初级阶段需记住4张王牌和6张级牌。

首先，记王牌。大王是单牌和对子的封顶牌，如果大王已经打出，则小王成为单牌和对子的封顶牌；当王牌封顶后，便能引对方出炸弹，或者己家上手。

其次，记级牌。玩家只需记方块、黑桃、梅花三种花色的级牌，红桃花色的级牌需要单独记；3张级牌是三张和三带对的封顶牌，当王牌走完后，也是单牌和对子的封顶牌。

例如，当盘打2，在初级阶段需要记住4张王牌和6张2，共10张牌，如下图所示。

♥ 中级

在中级阶段需记住4张王牌、6张级牌和2张红心级牌。

记4张王牌和6张级牌的原因在初级阶段已说明，这里不再赘述。红心级牌可代替缺牌组牌，在出牌过程中，需将这种情况计算在内，再用排除法估算对方牌型。

例如，当盘打2，在中级阶段需记住4张王牌、8张2，共12张牌，如下图所示。

♥ 高级

在高级阶段需记住4张王牌、8张级牌和8张A。

记4张王牌和8张级牌的原因在初级和中级阶段已说明，这里不再赘述，下面讲记8张A的原因。

首先，当王牌和级牌都走完后，A便是单牌中的封顶牌。

其次。在掼蛋牌型中10JQKA是顺子的封顶牌，QQ-KK-AA是三连对的封顶牌，KKK-AAA是三顺的封顶牌，记住A的牌张数，便能排查出这三组牌。

例如，当盘打2，在高级阶段需记住4张王牌、8张2和8张A，共20张牌，如下图所示。

下图中的全手牌中有1张小王、1张2、4张A，总共6张点数较大的牌。

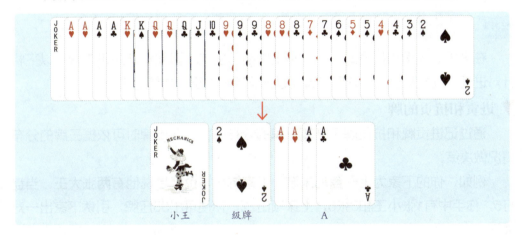

小王　级牌　A

分析说明

观察上图的全手牌，可分析得出以下几点。

第一，其余玩家手中有3张王牌，自己手中没有单牌和对子的封顶牌。

第二，其余玩家手中有5张级牌和2张红心级牌，某位玩家手中有3张2的概率较高。

第三，其余玩家手中有4张A，某位玩家组成顺子10JQKA的概率较高，且有可能存在同花顺，而包含A的三连对和三顺组成概率较低。

3.6.2 记单牌和缺牌

除大王和小王之外，每个牌点的牌都是8张，而若你手中有单牌和缺牌，那么其他玩家手中很可能有同牌炸。

下图中的全手牌中缺4和7，且2、10、Q分别只有一张，也就是说这5个牌点的牌，在其余玩家手中有可能组成4头及以上的同牌炸。

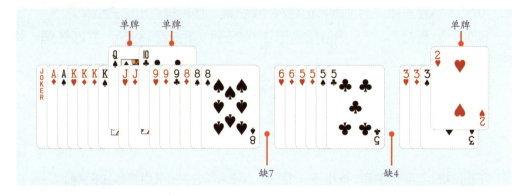

3.6.3　记贡牌

在进贡、还贡和抗贡时，都需将贡牌明示出来，因此贡牌属于明牌。以下将针对进贡、抗贡及还贡，分别讲解通过记贡牌来做出牌决策的技巧。

♥ 进贡和抗贡的牌

通过记进贡牌和抗贡牌可推算王牌的分布情况，在出牌时可依据王牌的分布情况做决策。

例如，你的下家为上一盘的末游，下家抗贡，也就是说他有两张大王。当盘打5，你手中有1张小王和3张5，上家领出22，你便可出55压牌，引诱下家出一对大王。

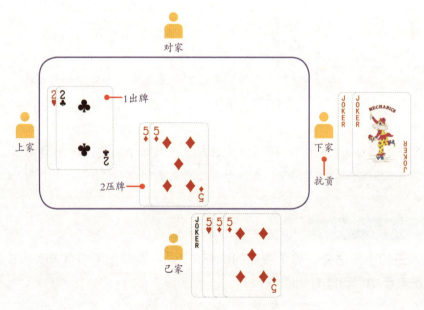

♥ 还贡的牌

还贡的牌要么给末游补缺，要么就成为末游的累赘牌，因此，在出单牌时可留意末游是否打出还贡牌，若未出则意味着补缺成功。

例如，你的上家为上一盘的末游，对家为头游，对家还贡1张8。当盘打5，末游领出88，且还贡牌在其中，说明这次的还贡牌并未给上家补缺，并且可推算上家对子较多，三张较少。

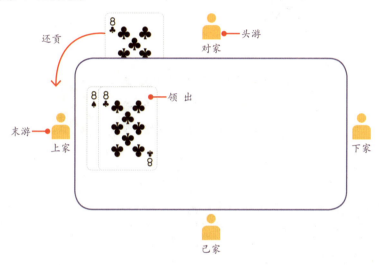

3.6.4 记关键牌

当牌点为5的牌全部走完后，便无法组5至9的顺子；当牌点为10的牌全部走完后，便无法组10至A的顺子，除非使用红心级牌代替缺牌。因此，只要记住5和10的牌，便可以算出其余玩家手中的顺子和同花顺。

例如，当盘打5，对家已出101010-33，上家已出1010，你有3张10。你组成一个顺子910JQK，那么这个顺子为最大的顺子；另组成一个同花顺678910，那这便是最大的同花顺。

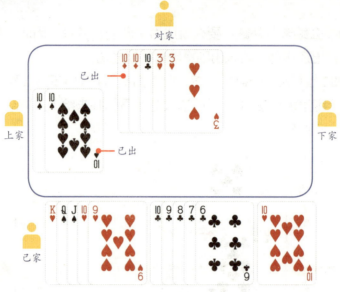

3.6.5 记牌路

记牌路可分要牌和过牌两种情况，分别记己方和对方的要牌和过牌，从而在出牌时做出正确的决策。

♥ 记对方不要的牌

对方不要的牌分不要的牌型和某牌型过牌的牌点，对方不要的牌，己方则可放心出牌。

例如，当盘打8，己家领出999-44，下家出AAA-KK，可记住，下家手牌中已无三带对和对子，你可放心领出三带对，甚至可以领出对子。

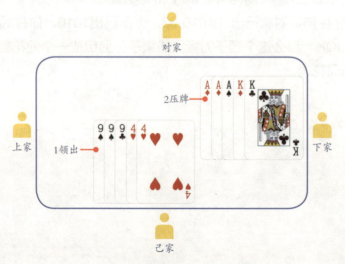

♥ 记己方要的牌

同理，记己方需要的牌也要分别记住牌型及牌点。

记己方需要的牌，可以判断其牌型组成情况以及牌力强弱，在你出牌时可依据其手牌情况决定是否过牌，并在领出时决定领出牌型。

例如，当盘打8，你当前的手牌如下，对家已出678910，当轮对家领出55，从而判断其手中三带对少，且优势牌型为对子。

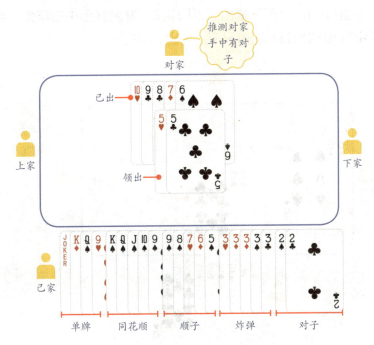

在级牌为8，6、7、10为己家的单牌，对家无三张的情况下，己家可大胆推测对手可能有牌点为6、7、10的四头炸。

「3.6.6 记炸弹」

炸弹是掼蛋牌型中阻击对手出牌的有力牌型，在一盘牌的胜负中起到至关重要的作用。因此，在出牌过程中需要记已出炸弹。记炸弹一般从炸弹的手数和炸弹的大小两方面着手。

♥ 记炸弹手数

每位掼蛋玩家的全手牌为27张，每位玩家手中炸弹的手数平均为3手；3手炸弹的牌张数为12张至18张，平均值已超出全手牌的一半，因此，玩家有4手以上的炸弹概率不高。

当某玩家已经出过3手炸弹后，其手牌中还有炸弹的概率不高，你在出牌时可判断是否要出炸阻击。

例如，当盘打10，已知下家出了3手炸弹，推测其手中无炸弹；当上家领出66，在你手中有1010和JJJJ的情况下，可出1010阻击。

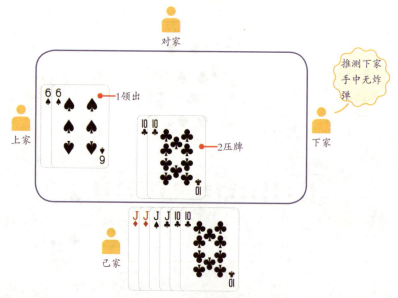

♥ 记炸弹大小

一般情况下，玩家会由小到大依次出炸，先出四头炸，再出五头炸，最后出同花顺和六头炸，因此，当某玩家出六头炸后，可大体判断其手中已无炸弹。

例如，上家已出四头炸和同花顺，现出999999压牌，再领出23456，余牌5张，你可推测其手中无炸弹，极有可能为顺子；如你手中无顺子，也不需要出炸阻击，因为下家想要获得领出权为上家送牌，必然会出炸。

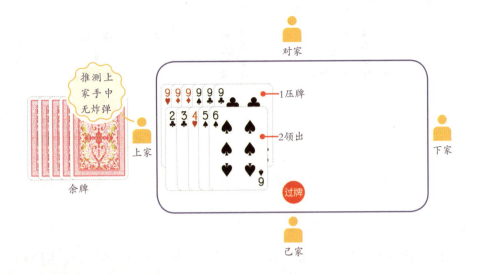

3.7 出牌的技巧

出牌分为四种情况，分别是领出牌、跟牌、控牌、出炸：领出牌是自己发牌；跟牌是对家或对手发牌后，自己出牌；控牌是对手的余牌小于10张时给对手送牌，或对家的余牌小于10张时，出对手不要的牌；出炸便是合理地打出炸弹。

3.7.1 领出时的出牌技巧

我们领出时要出自己能回手的牌，领出己方要的牌或者对方不要的牌，也就是考虑自己的牌、己方的牌和对方的牌来出牌。

♥ 出自己能回手的牌

回手意味着有机会再次取得领出权，玩家便可打出累赘牌，更快地出完手牌。最明显的回手牌是玩家组牌后，同一牌型有封顶牌，如单牌有大王、对子有一对大王等。

领出单牌的情况如下图所示。当盘打2，那便领出单牌5。

领出   回手   再次领出

领出对子的情况如下图所示。当盘打2，在不知道大王、小王在谁手中时，优先出99。

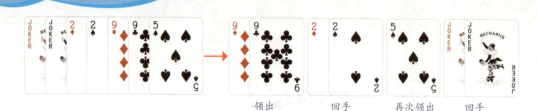

领出　　　　回手　　　再次领出　　　回手

分析说明

　　大王在谁手中不明时，如果领出单牌5，可能不能回手；而在你有两张2的情况下，对方有22的概率较低，因此，出99后可以用22回手。

　　领出三带对的情况如下图所示。当盘打2，便可领出777-33，用AAA-55回手。

领出　　　　　回手　　　　再次领出

分析说明

　　当你手中有两张级牌时，其他玩家有三张级牌的概率不高，因此可用AAA回手。在三张和三带对两种牌型中，优先选择三带对，将小对子顺走，减少一手牌。

　　最后再说三连对、三顺、顺子这三种牌型，领出这三种牌型有两种方法。

　　一是，同一牌型有大牌，回手概率高。例如，剩余手牌如下，便可领出小顺子。

领出　　　　　　回手

　　二是，推后领出，或许在你看来这三种牌型组牌率低，对方压牌的可能性小，其实不然，因为前期玩家手牌数量多，可灵活调整牌型，因此，建议后期领出这三种牌型。例如，手中余牌如下时，便可领出顺子。

| | 领出 | 回手 | 再次领出 |

♥ 出己方能上手的牌

　　当手牌中单张、小牌比较多，估算自己不能争取头游时，就可协助对家争当头游，在这种情况下领出时就要出对家能上手的牌。

　　在进贡和还贡时，若已知对家有一张大王，你便可以出单牌，对家出大王后就获得领出权。

　　例如，己方为双上，对方分别进贡大王和级牌5，你收大王，对家收级牌5，当你手中只有一张大王时，那说明另一张大王在对家手中。你取得领出权后，便可以出小单牌。

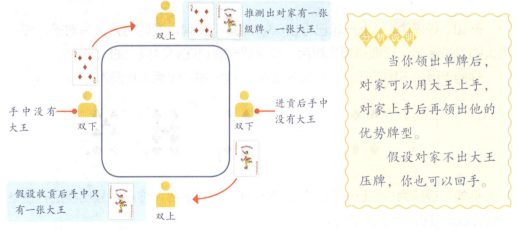

双上

推测出对家有一张级牌、一张大王

手中没有大王　双下

进贡后手中没有大王　双下

假设收贡后手中只有一张大王

双上

　　在出过几轮牌后，你观察对家主动出的牌型，这便是对家想要的牌型，你获得领出权后，不要轻易改变牌型，顺着对家出的牌型出小牌。

例如，对家上轮主动出对子，你手中的牌如下，你便出33。

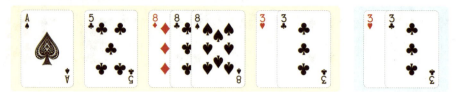

你若领出A、5、888、33，就无法回手，且领出权有可能旁落对方，已知对家主动出对子，可猜测对家手中有大对子可回手，因此，建议出33。

♥ 出对方不要的牌

出过几轮牌之后，便可看出对方缺哪种牌型，你获得领出权后，便主动出对方缺的牌型。

例如，级牌为5，上一轮己方出单牌J，对方不要牌，说明对方不要牌点在J和J以上的牌。你取得领出权后，便继续出牌点在J及J以上的单牌。

你的手牌如下图所示，你可以领出单牌J，再出1010。

领出　　　再次领出

例如，级牌为5，上一轮己方出66，对方不要牌，说明对方没有对子，或者最大的对子是44。你取得领出权后，便继续出牌点在4及4以上的对子。

你的手牌如下图所示，你可以先出44，再出99，最后出单牌7。

领出　　　再次领出　　　再次领出

例如，级牌为5，上一轮己方出888-44，对方不要，你获得领出权后，便继续领出牌点在8以上的三带对。

你的手牌如下图所示，这时便拆整牌组三带对。

领出　　再次领出　　回手　　再次领出

 分析说明

如果不拆开三个3组三带对，你领出三张或单牌后有可能被对方压牌，而你组101010-33后，对方要不起，你便可以再次领出。

3.7.2　跟牌时的出牌技巧

跟牌是自己没有领出权，这轮出牌为对家或者对手领出，因此，跟牌技巧也分对家领出和对手领出两种情况。

♥ **对家领出时**

第一，对家领出时，轻易不接牌。对家发牌牌型一般为其优势牌型，其手牌中应有同一牌型的大牌，除非你接对家牌后能快速跑牌。

例如，当盘打9，你的手牌如下，对家领出555-44，在对手没有炸的情况下，你就可以跟牌出999-55上手，再领出AA获得头游。

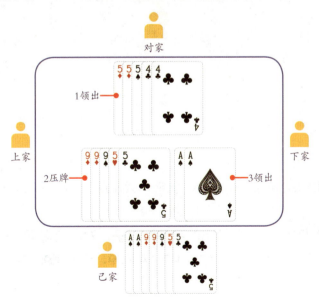

级牌为9时，999-55为三带对的封顶牌，只有炸弹可阻击出牌，而对手已无炸弹。因此，你完全可以跟牌上手，并出完手牌获得头游。

第二，对家领出后，上家出大牌压牌，你便可以跟着压牌，取得领出权后，再领出你的优势牌型，或者领出相同牌型的小牌，为对家送牌。

例如，当盘打9，对家领出555-33，上家出AAA-33压牌，此时你便可以出5555压牌，获得领出权后，你便领出666-44，为对家送牌。

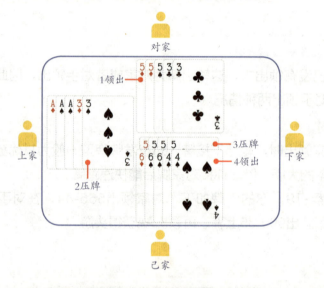

从对家角度分析，对家领出牌型为你上次领出的牌型，你便可以接对家牌。

第三，如果对家向你示意协助你出牌，领出牌型为你上次领出的牌型，你便可以接对家牌。

例如，当盘打9，你之前领出的牌型为对子，对家获得领出权后，出44，这便是向你示意协助你出牌，此时你手中有AA和99，便可出99接牌。

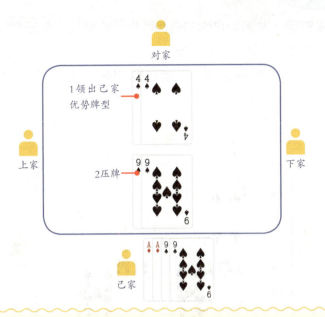

在不确定对手是否有一对级牌时，你若有一对级牌便出一对级牌，避免对手出级牌压牌，从而使领出权旁落。因此，对家出44时，你出99，而不是AA。

♥ 对手领出时

第一，当对手领出时，己方跟牌的原则为顶上家、卡下家。

例如，当盘打5，你的手牌如下。当上家领出66时，你便出AA压牌，引诱下家出大对子或炸弹，只要下家压牌便会削弱牌力。

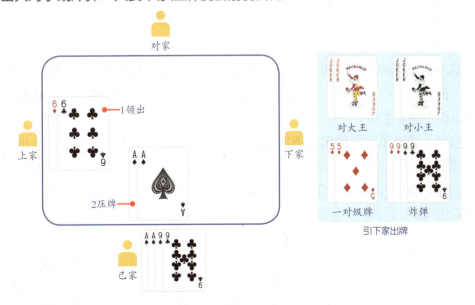

第二，如果对手所发牌型是你的弱势牌型，你便出大牌压牌以争取领出权，并且改变牌型，防止对手跑牌或者压牌。

例如，当盘打5，你的手牌如下。当对手出888-44时，你便出555-99压牌，取得领出权后改变牌型出顺子。

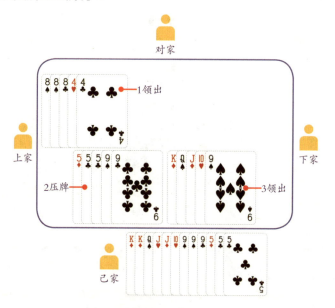

分析说明

　　同样的手牌，不拆整牌可组成999-JJ、555-KK、10、J，拆整牌可组成555-99、910JQK、J、K，组牌后手牌都是4手，而拆牌组牌后改变了牌型，且剩下的两张单牌牌点较大，对于阻击对手更有优势。

第三，当手牌中的小牌并非累赘牌时，对手领出小单牌或小对子时，便选择过牌，而非跟牌打出小牌。因为这些小牌留在手中，可灵活组牌，改变牌型，后期用以阻击对手的牌。

当然，如果小牌不能用以再次组牌，或者对手牌影响不大，你便打出小牌，快速跑牌。

例如，当盘打5，你的手牌如下。当上家领出单牌7时，你选择过牌，而不是跟牌打出10。

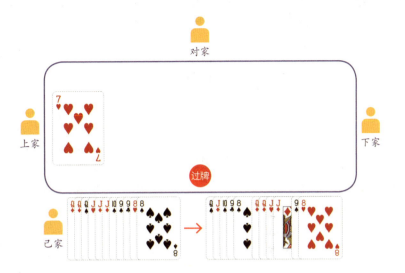

　　一般己家会将手牌组成QQQ-88、JJJ-99、10，但同时也可组成8910JQ、QQ、JJ、9、8。因此，10并非累赘牌，可保留在手中，当对手出顺子和对子时便可改变组牌方式，阻击对手的牌。

3.7.3 控牌时的出牌技巧

　　控牌阶段是下家或对家余牌小于10张的时候，当自己获得领出权时思考该如何出牌。

　　控牌阶段的出牌原则是协助对家，阻击下家，因此，在自己获得领出权后，要依据对家或者下家的余牌数量，估算其手牌牌型，领出对家需要的牌型和下家的空门牌型（手中没有的牌型）。

　　接下来我们以余牌为2、4、5、7～8、9～10张时，讲解己家该如何出牌。其中余牌为3张和6张时，可分别参考余牌为2张和5张的控牌技巧。

♥ 下家余牌为2张

　　当下家余牌为2张时，余牌只能是对子或单牌，你就出三张、三带对、顺子等大于两张的牌型，如果你的手牌只有单牌或对子，优先选择出小单牌，其次拆小对子。

　　例如，当盘打5，你的手牌如下。下家余牌为2张，由你领出时应该出单牌9。

♥ 对家余牌为2张

　　当对家余牌为2张时，由你领出时便领出对子，且由中间的对子开始送牌，再用大对子回手。其目的是用大对子引诱下家出大对子或者炸弹，你回手后再领出小对子，下家就没有能力阻击，对家可轻松接牌。

　　例如，当盘打5，你的手牌如下，对家余牌为66。你领出时应该先出1010，下家全力阻击出55，你再用一对小王回手，当下家没有阻击能力后，你再出33。

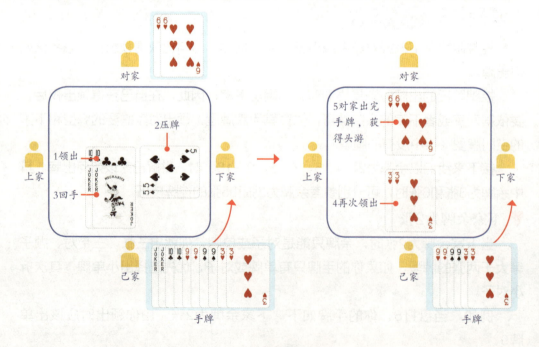

♥ 下家余牌为4张

当下家余牌为4张时，下家的余牌可能为四头炸、三张加单牌、2个对子、1个对子加2张单牌、4张单牌。一般当余牌为4张时，你不需考虑3手或以上的牌型组合，即1个对子加2张单牌或4张单牌的情况。

因此，当下家余牌为4张时需分两种情况：一是四头炸；二是三张加单牌或2个对子。

4张余牌情况1

4张余牌情况2

情况一，依据明牌估算下家的余牌为四头炸，一般不建议出炸弹，除非你的炸弹大于四头炸或者是牌点很大的四头炸，并且出炸弹之后只剩下一手牌。

如果你的炸弹小，出炸弹后不能出完手牌，建议你优先跑牌，留下炸弹，保留回手能力。

例如，当盘打5，你的手牌如下，下家余牌为四头炸。此时轮到你出牌，你便可以先出同花顺8910JQ，再出44。

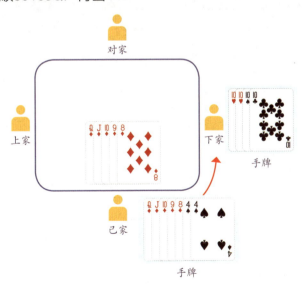

你出同花顺8910JQ后，下家无力阻击，上家用大同花顺或者六头炸阻击的概率极低，因此，你可以接着打出44，获得头游。

情况二，依据明牌估算下家的余牌为其他牌型，一般为两个对子或者三张加单牌，因此，你可以出三连对、三带对、顺子、三顺，如果没有这些牌型，那就优先出回手概率高的牌型。

例如，当盘打5，你的手牌如下，下家余牌4张，此时你有领出权，你便可以先出44，再用55回手。

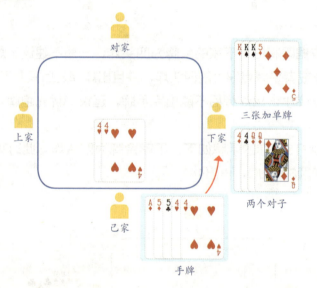

如果下家余牌是三张加单牌，为了压牌，下家只能拆牌，拆牌出牌后下家依旧为2手牌。

如果下家余牌是两个对子，下家最多顺走一手牌，对家或者己家有机会回手，改变牌型后再出牌。

♥ 对家余牌为4张

对家余牌为4张时，同理分四头炸和其他牌型。如果余牌是四头炸，你便出累赘牌；如果余牌不是四头炸，便依据上一轮对家领出牌型判断其余牌，例如，对家上一轮领出对子，你便出对子；如果没有领出对子，你便出单牌。

例如，当盘打5，你的手牌如下，你的对家余牌4张，且上一轮领出对子。由你领出时便先出KK，让下家阻击一次后再用6666回手，再次领出22。

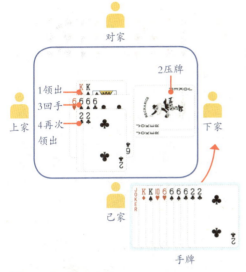

若对家上一轮领出对子，那对家手牌中有三张的可能性极低，有对子的概率极高，那么你应出对子，且由大对子到小对子的顺序领出，原理在对家余牌为2张时已讲解。

♥ 下家余牌为5张

当下家余牌为5张时，排除同花顺和五头炸，2手以内的牌型有顺子、三带对、四头炸加单牌三种情况。因此，当你有领出权时优先出对子，其次出三张或者牌点较大的单牌。

当下家余牌为5张时，我们分析己家领出对子、单牌、三张时的优势。

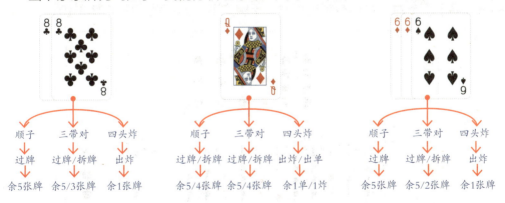

例如，当盘打10，你的手牌如下，下家余牌5张，且在2手以内。你领出88，如果下家出1010，此时下家的3张余牌有两种情况：一是单牌10加一个牌点在8以内的对子；二是一个牌点在8以内的三张。我们可大胆假设下家余牌为77加单牌10或888。

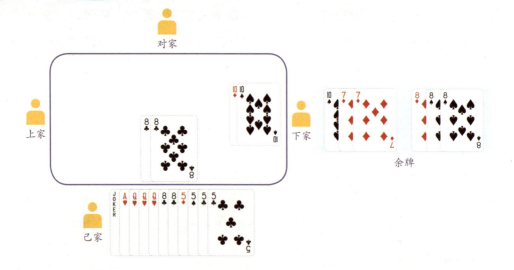

在对家过牌的前提下，己家用5555回手，之后依次领出QQQ、小王、A。

♥ 对家余牌为5张

当对家余牌为5张时，依据牌型重点排查顺子和三带对，其他牌型可不予理会。你领出时，可出顺子或三带对。

例如，对家余牌为5张，且对家领出过对子，从而判断对家手中余牌为顺子的概率高于三带对。当你有领出权时，手牌如下，你便领出顺子678910。

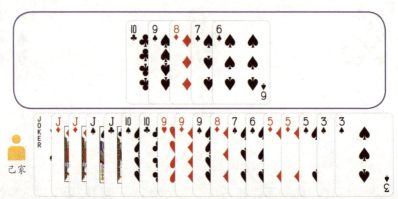

但是，下家如果手牌较多，便可拆牌组牌进行阻击，甚至出炸阻击。此时你便领出555-33，引下家拆牌或出炸阻击，之后你再用JJJJ回手，再领出顺子678910。

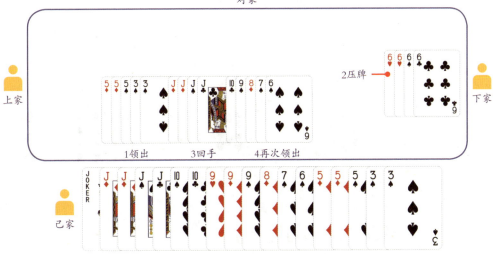

当一盘牌到了控牌阶段，一般下家的阻击次数为一次，因此，用一手牌引诱下家阻击即可。

♥ 下家余牌为7～8张

当下家余牌为7～8张时，一般至少有一个四头炸，以便冲牌，所以排除了余牌有顺子和三带对，而余牌有单牌、对子、三张的概率极高，因此，下家余牌为7张或8张时，你便领出顺子和三带对。

例如，下家余牌有四张10，其余的牌在2手以内的组合方式如下图所示。

下家余牌和你的手牌如下。若由你领出，你便出顺子34567，下家如果出10101010，余3张牌，对家可压牌，获得领出权后改变牌型。

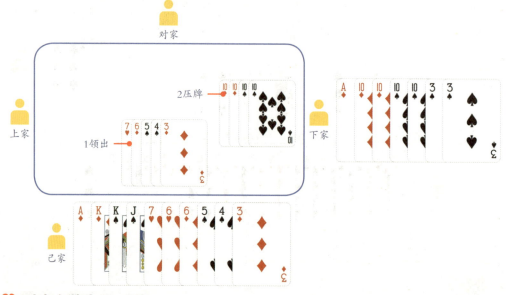

♥ 对家余牌为7～8张

当对家余牌为7张时，如果由你领出，就应该出单牌、对子、三张，让对家接牌。

例如，当盘打10，你的手牌和对家的7张余牌如下。你领出时便可出44，对家出JJ接牌，对家再用QQQQ回手，再打出10。

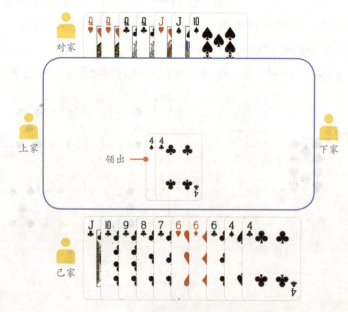

下家余牌为9～10张

当下家余牌为9～10张时，下家为了能在倒数第2手获得领出权，便会留下一炸，也就是所谓的冲牌。下面分析当下家余牌为9张和10张时的牌型。

下家余牌为9张时，假设下家手中有1手四头炸和其他5张牌，大胆推测这5张牌为顺子或三带对。

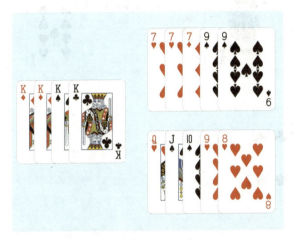

基本可以排除剩余5张牌为同花顺的可能性，如果是同花顺，那其中一炸就会炸空，玩家一般不会浪费牌力；如果这5张牌是其他牌型，那下家的9张余牌基本为4手或5手，我们可不予理会。

下家余牌为9张时，假设下家手中的一炸为同花顺和其他4张牌，可以猜测这4张牌为两个对子或者三张加单牌。

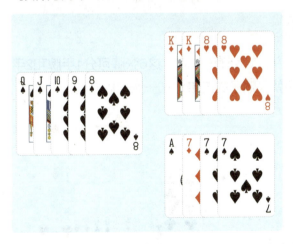

同理排除剩余4张牌为四头炸的可能性，也不用考虑除两个对子和三张加单牌之外的牌型。

综上分析，当下家余牌为9张时，你便领出单牌，不可领出三带对和顺子。当你领出单牌后，下家不管是要牌还是过牌，对家都有阻击机会，而不会让下家顺走一手牌。

例如，当盘打10，下家余牌和你的手牌如下。此时你领出666-44，下家便可顺走777-99，你再出QQQQ压牌，下家便打出KKKK，出完手牌，甚至可能给他的对家借风。

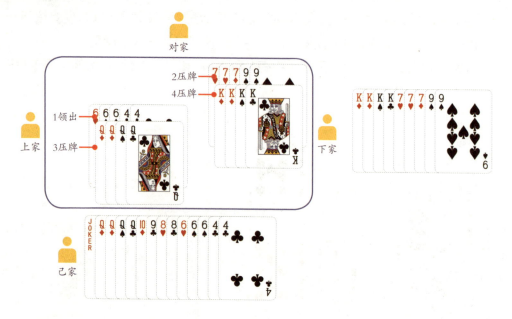

　　通过该轮出牌可以总结出，当下家剩余4张牌时，已家如果不能出炸后获得头游，就不应出炸牌，应该保留实力。

　　下家余牌为10张时，去掉一个四头炸，还有6张牌，这6张牌可分1手牌和2手牌，1手牌就是三连对或三顺，2手牌就是顺子或三带对加一张单牌。

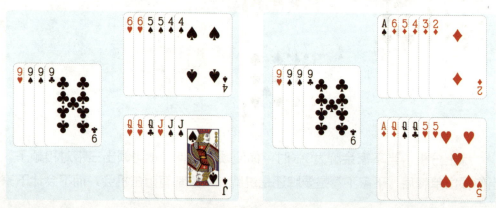

　　综上分析，当下家余牌为10张时，你便领出对子，不可领出顺子和三带对。当你领出对子后，下家只能出炸或者拆牌，下家出炸便削弱牌力，拆牌便增加1手牌。

例如，当盘打10，下家余牌和你的手牌如下。此时你领出88，下家可出9999，或者拆三顺出QQ，你可以出QQQQ压牌，再领出44。

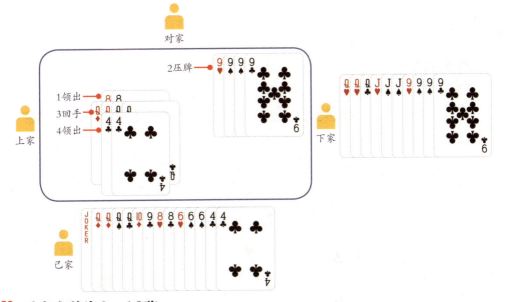

♥ 对家余牌为9～10张

当对家余牌为9～10张时，你便领出三带对或者顺子，为对家送牌。

例如，当盘打10，对家余牌和你的手牌如下。此时你领出666-44，对家便可打出QQQ-55，上家或下家压牌后再用9999回手，领出A出完手牌。

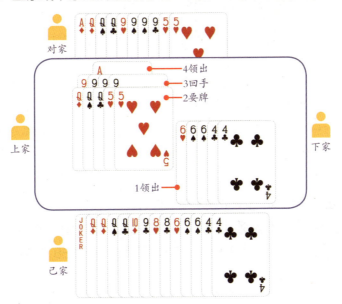

3.7.4 出炸弹的技巧

在掼蛋牌型中炸弹是强有力的牌型，它不仅可以压住对手的一些牌型，还能帮助获得领出权。因此，正确使用炸弹十分重要。接下来分别介绍出炸弹的原则、出炸弹的节奏、依据余牌数判断出炸弹的时机等内容。

♥ **出炸弹的原则**

原则一：若对家可能要得起，不要轻易出炸。

例如，当盘打2，对家领出55，上家出22压牌，你的手牌如下。在不知两张小王在谁手中时，你便可以先不出炸弹，选择过牌。

你手中有一张大王，此时一对小王便是最大的对子，而两张小王有可能在对家手中，你选择过牌，留下一炸以保留实力。

原则二：若对家过牌，你一定要出炸。

例如，当盘打2，下家领出555-33，对家选择过牌，你手中有888-33和JJJJ，则你一定要出JJJJ，而不出888-33。因为当你出888-33后，下家可能还能出一手三带对。

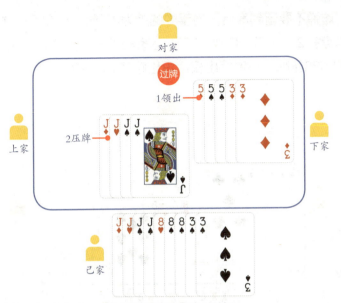

原则三：同一方玩家中，牌力弱的玩家先出炸。

例如，当盘打2，你手中的牌如下，当上家领出顺子8910JQ后，你便出7777压牌。

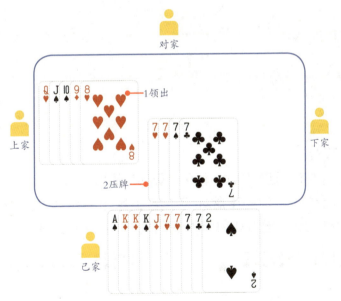

原则四：炸弹不要留到最后，当手中的牌为2手时，只需留一炸。

例如，当盘打2，你手中的牌如下。上家和下家已无炸，当上家出222-55压牌时，你可出8888压牌，获得领出权后再出顺子10JQKA。

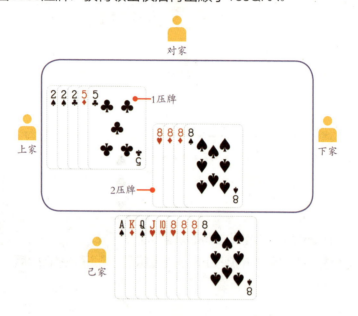

假设顺子10JQKA为同花顺，最后2手牌都是炸弹，那不管你怎么出牌，都会浪费一炸。

♥ 出炸弹的节奏

第一，先用"不灵活"的炸，再用"灵活"的炸。

例如，当盘打5，你的手牌如下。若上家出四头炸，如4444，你便出33333，而不出KKKK，因为KKKK可拆开组成KKK-22和10JQKA。

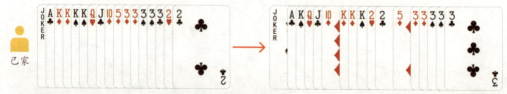

第二，先用同牌炸，后用红心级牌配炸。

例如，当盘打5，你手中的牌如下。上家出KKK-66，你要出炸压牌，应先出AAAA，而不用红桃5配成的5101010，因为红桃5可以代替8，组成顺子45678。

第三，当上家所出的牌并没有明显优势时，你便可以出小炸，引诱下家出大炸。

例如，当盘打5，你手中的牌如下。一盘牌开始几轮，上家出小王压牌，你便可以出3333，引诱下家出大炸压牌。

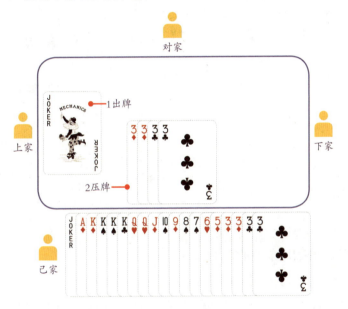

大炸在一盘牌的后期用以阻击更有优势，因此，在前期可引诱对方出大炸，削弱其牌力。

第四，想要阻击对方出牌，扭转牌路，就要出大炸。

例如，当盘打5，你手中的牌如下。上家出JJ-QQ-KK，你便出AAAA压牌。

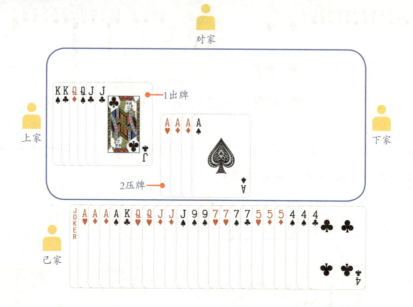

　　你手中的缺牌有8和10，下家有炸的概率较高，如果你用7777压牌，下家可以用更大的炸压牌，你为了获得领出权，需再出一炸，这样就损失了一炸。

♥ 依据余牌数判断出炸弹的时机

　　第一，当下家余牌为4张或8张时，就不要出炸。

　　下家余牌为4张时，他的余牌要么是四头炸，要么是2手以上的牌。如果是四头炸，你出炸阻击只会浪费一炸；如果不是四头炸，你不出炸也能阻击他的牌。

　　同理，下家余牌为8张时，如果是2手牌，便是同花顺加三张，你出炸阻击没有意义；如果是2手以上的牌，就没有必要出炸阻击。

　　第二，当下家余牌为5张或9张时，就必须出炸。

　　下家余牌为5张或9张时，一般是四头炸加1手牌，四头炸的阻击能力不强，因此，你出炸便有可能大过下家，或者对家可以压牌。

　　第三，当下家余牌为6张或10张时，应算牌后再考虑是否出炸。

　　当下家余牌为6张或者10张时，重点排查下家手中是否有五头炸或者同花顺，如果确定下家手中有五头炸和同花顺时，则不出炸压牌，反之则出炸压牌。

第四章
掼蛋的打牌战略

掼蛋不是一人的战斗，而是两人的配合战，本章从结为同盟的一方玩家的角度，重点讲解在掼蛋中如何配合作战。

4.1 战略定位

掼蛋是两两组队进行对抗的竞技项目，组队的两个人中只要一人获得头游，全队就升级。因此，在拿到全手牌之后，首先需要判断自己的手牌牌力，然后做出决策，是自己力争头游，还是帮助队友争头游。

4.1.1 牌力分析

每位掼蛋玩家都持有27张牌，在一盘牌出牌之前，每位玩家需要对这27张牌进行牌力分析，全手牌的牌力强弱可从三方面衡量，分别是炸弹的数量和质量、大牌的数量、牌型的整齐度和控场能力。

♥ 炸弹的数量和质量

在全手牌为27张的情况下，通常每位玩家手中的炸弹为2～3手；玩家手中的炸弹越多，炸弹越大，牌力越强；炸弹越少，炸弹越小，牌力越弱。

♥ 大牌的数量

在全手牌数量固定的情况下，玩家手中的大牌越多，则牌力越强；玩家手中的小牌越多，则牌力越弱。

♥ 牌型的整齐度和控场能力

牌型的整齐度也就是全手牌的手数，手数越多，则牌型越散，也就意味着牌力越弱；手数越少，则牌型越整齐，牌力越强。

控场能力是指手牌中是否有回手牌，若每次领出某牌型后都不能回手，则控场能力差，牌力弱。

4.1.2 牌力定位及打牌策略

依据牌力分析，我们将全手牌的牌力分为强牌、中牌、弱牌三个等级。

强牌：炸弹多、大牌多、牌型整齐、有特殊牌型。

中牌：有1～2手炸弹，大牌和小牌数量均衡，为了组牌需拆整牌。

弱牌：炸弹少、大牌少、牌型散。

接下来以打2为例，分别举例说明强牌、中牌、弱牌对应的牌型和打牌策略。

♥ 强牌

强牌的牌型分两种。

一是炸弹多，牌型整齐，有特殊牌型，特殊牌型指三连对和三顺。

二是炸弹大，牌型整齐，除炸弹以外可顺走的牌多，需自己领出的牌少，并且常规牌型有较大的牌，例如，三带对有AAA-33或KKK-33，顺子有910JQK，对子有一对级牌。

当盘打2，下图所示的全手牌为7手，2手同花顺，1手四头炸，1手三带对为封顶牌，剩余3手牌中只有顺子678910需自己领出。因此，这手牌为强牌中的第二种牌型。

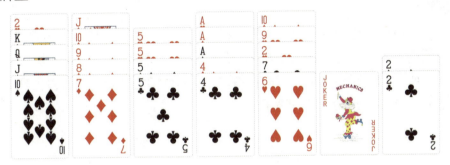

♥ 中牌

中牌的特点是有炸弹、有大牌或特殊牌型，但是牌型散，比如，牌点在10以下的单牌不能组牌，或者没有三张带走牌点在6以下的对子。

下图所示的全手牌有2手四头炸，1手特殊牌型，但单牌中5、7、9是累赘牌，没有三张带走44，全手牌为11手，需自己发牌的手数至少为5手，而上手次数只有3次。

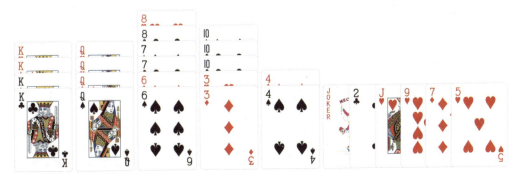

如果你的全手牌是中牌，便要慢慢筹划，边打边看，如果对家表态主攻，你便做辅助，反之则改变策略进攻，先尽量顺走累赘牌，再用炸弹上手领出能回手的牌，最后出大牌和特殊牌型。

♥ 弱牌

弱牌的特点是炸弹少，且牌点在10以上的牌少，牌点在10以下的牌有缺牌，不能组顺子，组三带对时要么对子多，要么三张多，牌型散。

下图所示的全手牌为8手，炸弹只有1手，8和10为缺牌，因此包含10的顺子无法组成，单牌4和333-77为累赘牌。

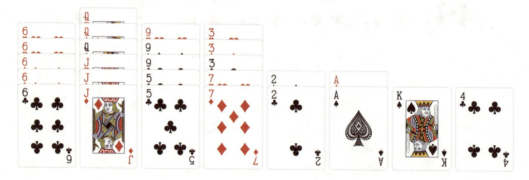

如果你的全手牌是弱牌，你便放弃争夺头游，辅助对家争夺头游，在打牌过程中不惜牌力阻击对手。

4.2 主攻打牌战略

当你的全手牌为强牌时，你便可决定作为主攻方打牌，此时你要优化手牌，制定打牌策略。

接下来以主攻方为例，分别讲解主攻方优化手牌、制定打牌策略及出牌技巧。

4.2.1 优化手牌

主攻方在组牌时需综合分析全手牌的牌力和手数，可从四个方面考虑：全手牌手数、特殊牌型、可顺走的牌、各牌型的回手能力。

♥ 全手牌手数

在牌力相同的前提下，从主攻的角度分析，全手牌的手数越少，玩家越容易争夺头游。

例如，主攻方的手牌如下。如果保留四个10，那么全手牌便有12手，但是如果组成999-101010、10JQKA，全手牌则只有10手，且拆炸后组成的三顺为特殊牌型，顺子是封顶牌，出这2手牌都有可能获得领出权，比用一炸获得一次领出权更有效。

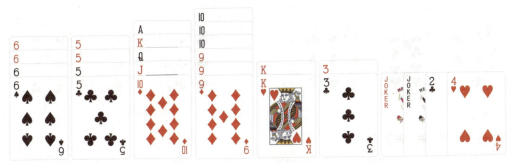

♥ 特殊牌型

在一盘牌中，三连对和三顺是不常见的牌型，也就是特殊牌型。组成特殊牌型的概率较低。若你领出特殊牌型，而对手没有这些牌型，对手要么过牌，要么出炸。因此，主攻方在组牌时，在手数不变的情况下，优先组特殊牌型。

例如，主攻方的手牌如下。主攻方如果组成QQ-KK-AA、101010-99、JJ，则只有1手牌能逼对手出炸压牌；如果组成QQ-KK-AA、99-1010-JJ、10，虽依旧为3手牌，但有2手特殊牌，则有机会逼对手出两次炸弹，或者让自己获得两次出牌权。

不建议的组牌方式

建议的组牌方式

♥ 可顺走的牌

在一盘牌中，最常见的牌型为单牌，其次为对子；三带对一般比顺子更常见。为了能顺走更多的牌，我们就需要保留更为常见的牌型。

例如，手牌中牌点在10及10以下的牌如下，可以组成678910、1010、7、6，也可以组成101010-66、77、9、8。建议组三带对，因为三带对更容易顺牌，且组牌后剩下的单牌要比组顺子剩下的单牌大。

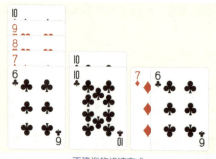
不建议的组牌方式

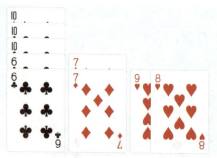
建议的组牌方式

♥ 各牌型的回手能力

作为主攻方，如果每次领出的牌型都没有回手牌，那么你的领出等于跑1手累赘牌；在没有封顶牌回手的情况下，就需出炸压牌，但出炸压牌对自己的牌力消耗太大。

假设自己的全手牌没有回手牌，且手数太多，那想争夺头游就会更难，因此，作为主攻方为了组回手牌，宁可多出几手牌。

例如，手牌如下，可以组2手顺子，也可以考虑组特殊牌型三连对。如果对子是你的优势牌型，优先考虑组三连对，虽然组三连对会多出1手牌；如果组顺子有封顶牌回手，则建议组顺子。

顺子无封顶牌的组牌方式

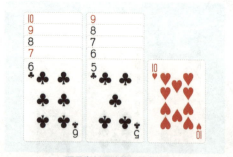
顺子有封顶牌的组牌方式

4.2.2 制定打牌策略

优化手牌后，主攻方需要依据自己的手牌情况制定打牌策略，也就是为自己手中的牌制定出牌顺序。

接下来我们将分前期、中期、后期三个阶段，分别讲解首攻牌型、中期牌型、预留尾牌。

♥ 首攻牌型

首攻牌型分两种情况：一是领出累赘牌；二是领出有回手牌的牌型。

当你的全手牌只有一手累赘牌时，处理这手累赘牌是第一要务。尤其是牌点小于10的单牌，因为牌点小于10的单牌一般都不能顺走，只能自己领出，且对手阻击小单牌很容易。所以当你手中有超过两张牌点小于10的单牌时，应首攻单牌。

例如，当盘打2，你的全手牌如下图所示，单牌3、5是累赘牌，此时你便要先出5。首攻领出5的缘由，请参考103页介绍的"预留尾牌"。

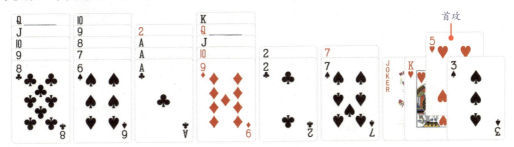

分析说明

如果你首攻不出5，之后你想打出单牌便需要用炸上手，再用大王回手，这样就用掉了2次领出权，极其浪费牌力。

假设你首攻领出77，对手便会猜测你手中三带对比较少，依据三带对与顺子相生相克的属性，推测出你手中顺子多，当对手领出时便会避开顺子，那么你手中的910JQK便不能顺走。

若你手中没有累赘牌，则首攻你手中有回手牌的牌型。主攻方首攻应选择攻击性强的牌型，目的是消耗对手的牌力。一般来说攻击性强的牌型有三带对和杂花顺，因为阻击这两种牌型大多需拆牌组牌或出炸，且需拆大牌，这有利于主攻方中后期跑小牌。

那么，三带对和杂花顺该如何选择呢？

在你的手牌是强牌的前提下，当你的手牌无累赘牌需处理，王牌多，无红心级牌，三带对有回手牌时，则首攻三带对。

同理，当你的手牌是强牌，无累赘牌需处理，王牌少，有红心级牌，杂花顺有回手牌时，则首攻杂花顺。

例如，当盘打2，你的全手牌如下图所示。此时你首攻999-55，如果能顺走QQQ-1010最好，不能顺走便用3333回手。

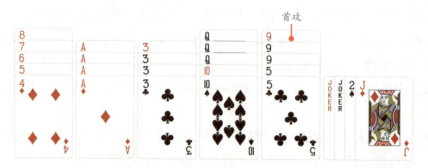

当你无红心级牌时，对手有红心级牌的概率高，红心级牌一般会用来组同花顺或四头炸，这就降低了对手有三带对的概率。

当你王牌多时，对手有王牌的概率低，为了减少单牌的手数，对手便会组顺子，顺子和三带对是相生相克的牌型，顺子多则三带对少。

♥ 中期牌型

当主攻方仅有1手小三带对、顺子、特殊牌型时，可安排在中期出牌。

如果首攻这些牌型，因对手的手牌较多，牌型完整，对手可以拆牌组牌或者出炸阻击；但若在中期领出这些牌型，因对手的手牌数量减少、牌力被消耗，阻击能力降低，你很有可能再次获得领出权，相当于减少1手牌。

例如，当盘打2，你的全手牌如下图所示。此时你可将77-88-99和QQQ-44安排在中期出牌，先领出66以掩护手中的三带对和三连对。

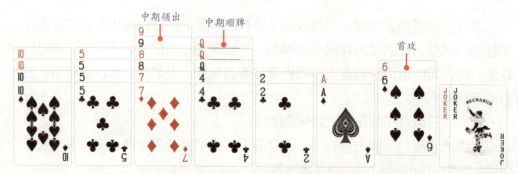

当你领出66后，对手会推测你手中三带对少，因此会改变牌型出三带对，则你手中的QQQ-44可顺走的概率增加；当你在中期领出77-88-99时，对手因之前阻击你的牌已消耗牌力，则无力阻击，你有机会连续领出。

综上所述，主攻方制定中期的出牌策略时需领出能回手的牌型和对方要不起的牌型，保留对方可能有的牌型，这样出牌方可保持领出权，增加顺牌机会。

♥ 预留尾牌

尾牌是指玩家冲牌成功后，剩下的最后1手牌。主攻方需要算最后2手牌，当倒数第2轮所出的牌无人压牌时，则冲牌成功；而最后剩下的尾牌无论是大牌还是小牌，都不影响玩家的输赢。

因此，在制定打牌策略之初，玩家可有意将最小的1手牌留作尾牌。

例如，当盘打2，玩家手中的全手牌如下图所示。累赘牌有2手，分别为3、77，此时玩家可将3留作尾牌，首攻77。

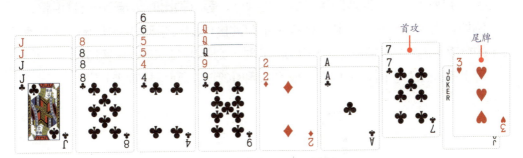

如果玩家出3，下家可以顺走1手牌点在10以下的单牌，对手多顺走1手牌，便多增一些获胜概率；而你出77，对手要阻击便要出大对子或者一对级牌，出大对子则降低了组大顺子的概率。

4.2.3 出牌技巧

主攻方出牌时需保存实力，伺机而动。因此，主攻方在决策顺牌、过牌、炸牌、冲牌时需要一定的技巧，以下分别介绍这些技巧。

♥ 顺牌

主攻方一般在一盘牌的前期顺牌机会更多，因为在前期主攻方的弱势牌型并未暴露。

因此，为了顺牌，在一盘牌前期，轻易不用封顶牌和炸弹压上家的牌。

例如，当盘打2，你的全手牌如下图所示。第一轮对家领出6，上家用大王压牌，此时你不需出炸压牌，让上家领出；等上家领出顺子、三带对、对子时，你便可顺走1手牌。

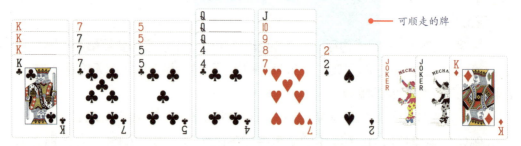

可顺走的牌

在一盘牌中期，玩家可通过对手出牌情况，推测其手中的牌，当推测出某一位对手的手牌后，你需保留对手可能有的牌型，等其领出时顺走自己的1手牌。

例如，上家出过910JQK，则其手中有此区间的三带对的概率低，有单牌和对子的概率较高，如你手中有KK和JJJ-55时，则领出JJJ-55，保留KK。

等上家领出对子时，主攻方不仅可以用KK阻击，而且能顺走1手牌。

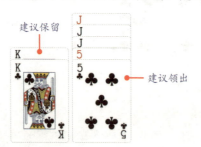

建议保留

建议领出

♥ 过牌

主攻方的手牌为中牌时，则需保留实力，不宜过早消耗牌力，否则会导致后期无大牌冲牌。

那在什么情况下主攻方可过牌呢？

第一，你手中没有与上家所出的牌相同的牌型压牌，只要上家不是冲牌，便可过牌，让对家压牌。

例如，当盘打5，你的手牌如下图所示。上家出JJJ-66，你不需出炸压牌，而是交给对家处理，也许对家有大三带对压牌，即使对家无大三带对压牌，也能选择出炸压牌。

第二，你出牌阻击后并不能减少手数时，便选择过牌。

例如，当盘打5，你的手牌如下图所示。上家出101010，你需选择过牌，而不是拆三带对，因为你拆三带对出牌后手数并没有减少，且QQQ很容易被压牌，而且拆出来的33是累赘牌。

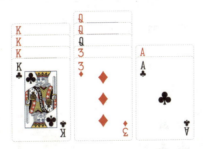

♥ 炸牌

主攻方要后出炸弹，先由对家炸牌。在此基础上，主攻方可参考两点炸牌原则。

第一，当对手出封顶牌和四头炸时，主攻方便可出炸阻击。

第二，主攻方首先炸上家牌，其次炸下家牌，非必要不炸对家牌。

想了解更多炸牌技巧，请参考第三章中的"出炸弹的技巧"。

♥ 冲牌

在冲牌阶段玩家手中剩最后2手牌，一般是1手炸加1手小牌，或者是1手封顶牌加1手小牌。为了确保自己在冲牌阶段无人压牌，在倒数第三轮出牌时以逼炸和骗炸为目的。

第一，用封顶牌和对手的空门牌型逼炸。

例如，当盘打10，你的余牌如下。此时王牌已经出完，下家余牌有AAAA、99、10，上家手中已无炸；你应领出1010，虽然先出88可用1010回手，但出

88可让下家顺走1手牌；如果对手不出炸，你再出88，留1炸在手，对手便无法阻击了。

注意，在冲牌阶段，下家余牌为7张和8张时，需等下家先出炸，你再出炸。

第二，在冲牌阶段手中无炸，便假装冲牌，骗对手出手中最后1炸。

例如，当盘打10，你的余牌如下。此时王牌已经出完，上家有JJJJ、66、A，下家无炸。你领出时应领出10，假装冲牌，骗上家出炸阻击，因你手中余牌为2张，对手推测为对子，便打出单牌A，你就可以出10阻击获得领出权，最后出8取得头游。

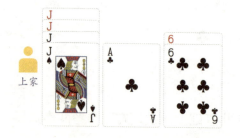

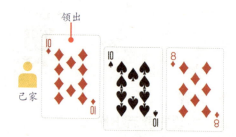

4、3 助攻打牌战略

当你的全手牌为弱牌时，便注定无法争夺头游了。在注定无法担任主攻方的前提下，便可全力协助对家拿头游。

助攻的打牌策略是配合对家、顶上家、卡下家，核心职责为配合对家。

4.3.1 配合对家

助攻方的牌力较弱，因此其首要目标不是快速出完手牌，而是帮助对家快速出完手牌，这就决定了助攻方不能轻易接对家牌，而要不惜牌力为对家送牌。

❤ 前期给对家示意

在一盘牌前期，你对其余玩家的牌力强弱和优势牌型都不了解，此时你先于对家领出，为了向对家表明协助态度，则领出对子示弱。因对子是常规牌型，对家能接牌的概率高，且对子可引出对手的大对子，消耗其牌力。

注意，在前期向对家示弱时，需注意以下两点。

第一，忌出单牌。下家可轻松阻击单牌，且还能顺走一张小单牌。若非要出单牌，应从牌点在10以上的单牌中选。

第二，忌出组牌。1手组牌便有5张及5张以上的牌，这可让下家顺走更多牌，如果对家没有这种牌型，就很难接牌。

♥ 中期要牌和送牌

第一，轻易不接对家牌。对家作为主攻方，主动领出的牌型一般都有回手牌，你盲目接牌后，一则会打乱对家出牌，二则会降低你之后的阻击能力和送牌能力。

第二，遵循高接低送原则。当上家出大牌阻击后，你可出封顶牌或者炸弹上手，再领出上一轮牌型的小牌为对家送牌。

例如，当盘打9，对家领出101010-33，上家出KKK-55阻击，此时你的手牌如下图所示。你可出AAA-33压牌，如获得领出权，可再领出444-66为对家送牌。

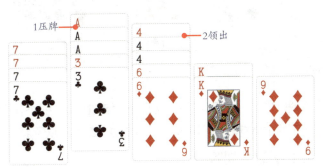

♥ 后期留牌和送牌

第一，助攻方留牌。助攻方的首要目标是为对家送牌，因此，在后期助攻方要保证手牌的灵活度，保留单牌、对子、三带对或顺子这些常规牌型。

为了提高送牌的成功率，大小单牌和对子都要有，顺子和三带对至少有其一，且牌的大小适中；三带对和顺子保留哪一种，玩家需依据对家出牌情况判断。

例如，当盘打8，王牌已经出完，助攻方的余牌如下图所示。本为累赘牌的222-33可打出为对家送牌，四头炸可用以回手，其余的牌可灵活拆来组牌。

第二，助攻方送牌。助攻方要判断对家余牌，精准送牌。送对子时应从中间牌点开始送，切忌由小到大送牌。

例如，对家余牌为9张，之前不要对子，领出小顺子时被阻击过，那可判断对家手中有1手大顺子加1手炸。

接上例说明送牌。在下家有一炸且不要三带对的情况下，直接出78910J送牌会被阻击，你可领出222-33骗炸，再用四头炸回手，再领出78910J。

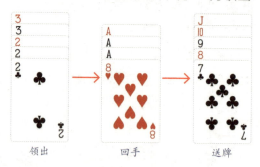

领出　　　　　　　　回手　　　　　　　　送牌

4.3.2　顶上家

助攻方需不惜牌力阻击上家，如助攻方不阻击上家，那下家可接手或顺牌，阻击的重担就落到了主攻方身上，进而消耗主攻方牌力，从而错失头游。

♥ 用封顶牌阻击上家的常规牌型

上家出常规牌型的意图分三种：一是阻击对家；二是送牌给下家；三是可回手。由此分析，只要上家出常规牌型，你都可用封顶牌阻击。

例如，当盘打Q，对家领出99，上家出AA，你的手牌如下图所示，即可出QQ阻击，再领出77。

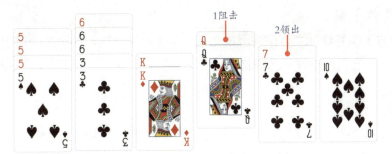

♥ 用炸弹阻击上家的封顶牌

在已知对家的优势牌型后，上家用封顶牌阻击，你可用炸弹上手，再领出对家优势牌型送牌。如果尚不知对家的优势牌型，便可过牌。

例如，当盘打Q，上家出10JQKA期望上手，已知对家优势牌型为三带对，你的手牌如下图所示。你应出8888阻击，再领出999-44。

♥ 不惜拆牌阻击上家的特殊牌型

当上家领出特殊牌型时，对家一般很难用相同牌型压牌，此时，你不惜拆牌也要阻击。

例如，当盘打Q，上家领出333-444，你的手牌如下图所示。你可拆678910和JJJ-1010，组成101010-JJJ阻击。

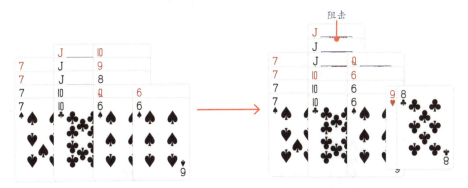

♥ 炸弹主炸上家

助攻方手中的炸弹主要用来阻击上家，当上家出炸时，助攻方也可出炸；对手如果想领出，会再出一炸，这样你就用一炸换了对手两炸，消耗了对手的牌力。

4.3.3 卡下家

卡下家是指严防下家顺牌，特别是累赘牌。严防下家分为两点：一是严防下家顺走小单牌；二是严防对家不要的牌型。

♥ 严防下家顺走小单牌

每张单牌都算1手牌，如果下家的单牌多，便要耗费牌力才能打出单牌，其争夺头游的可能性便小了。因此，助攻方要严防下家顺走单牌。

例如，当盘打J，第一轮由上家领出，上家出4，此时你的手牌如下图所示，你首选出Q阻击，其次选K。

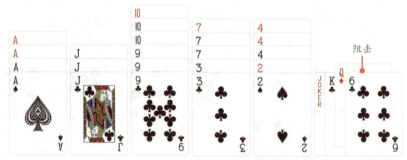

第一轮出牌，各家牌力不明，不宜出太大的牌，大牌有可能妨碍对家出牌；但出的牌也不能太小，小牌很有可能让下家顺走累赘牌，要用牌点在10及以上的牌阻击。

♥ 严防对家不要的牌型

当下家领出某牌型后，对家选择过牌，此时你就要不惜牌力阻击。

例如，当盘打J，下家领出999-33，对家过牌，你的手牌如下图所示，你需出AAA-44阻击，而不用101010-44阻击，进而争取牌权。